NE
GRO

casadosespíritos

pelo espírito

Pai João de Aruanda

NEGRO

Robson Pinheiro

1ª edição | agosto de 2011 | 8 mil exemplares

casa dos espíritos editora
Rua Floriano Peixoto, 438 | Novo Progresso
Contagem | MG | 32140-580 | Brasil
Tel./Fax: +55 (31) 3304-8300
editora@casadosespiritos.com.br
www.casadosespiritos.com.br

---

edição, preparação e notas
Leonardo Möller

concepção e projeto gráfico
Andrei Polessi

editoração
Audaz

revisão
Laura Martins

impressão e acabamento
Gráfica Viena

Dados Internacionais de Catalogação na Publicação | CIP |
Câmara Brasileira do Livro | São Paulo, SP | Brasil

Aruanda, Pai João de (Espírito).
Negro / pelo espírito Pai João de Aruanda;
psicografado por Robson Pinheiro – Contagem, MG:
Casa dos Espíritos Editora, 2011.

Bibliografia
ISBN 978-85-99818-14-5

1. Afro-brasileiros – Religião 2. Espiritismo 3. Espíritos
4. Mediunidade 5. Psicografia 6. Sincretismo (Religião)
I. Pinheiro, Robson. II. Título.

11-06657 CDD–133.93

Índices para catálogo sistemático:
1. Pretos-Velhos: Mensagens espirituais psicografadas:
Espiritismo 133.93

NE
GRO

“

A educação do pensamento é a fonte de todo o equilíbrio interior.

”

Pai João de Aruanda ESPÍRITO[1]

SUMÁRIO

PREFÁCIO

Preto de alma branca — e amarela, e vermelha...

por Leonardo Möller EDITOR

Os privilégios de raças têm sua origem na abstração que os homens geralmente fazem do princípio espiritual, para considerar apenas o ser material exterior. Da força ou da fraqueza constitucional de uns, de uma diferença de cor em outros, do nascimento na opulência ou na miséria, da filiação consanguínea nobre ou plebeia, concluíram por uma superioridade ou uma inferioridade natural. Foi sobre este dado que estabeleceram suas leis sociais e os privilégios de raças. (...)

Mas se se tomar seu ponto de vista do

ser espiritual, do ser essencial e progressivo, numa palavra, do Espírito, preexistente e sobrevivente a tudo, cujo corpo não passa de um invólucro temporário, variando, como a roupa, de forma e de cor; se, além disso, do estudo dos seres espirituais ressalta a prova de que esses seres são de natureza e de origem idênticas, que seu destino é o mesmo, que todos partem do mesmo ponto e tendem para o mesmo objetivo; que a vida corporal não passa de um incidente, uma das fases da vida do Espírito, necessária ao seu adiantamento intelectual e moral; que em vista desse avanço o Espírito pode sucessivamente revestir envoltórios diversos, nascer em posições diferentes, chega-se à consequência capital da igualdade de natureza e, a partir daí, à igualdade dos direitos sociais de todas as criaturas humanas e à abolição dos privilégios de raças. *Eis o que ensina o Espiritismo.*

Allan Kardec[2]

Negro como a noite sem luar, Pai João de Aruanda se apresenta como espírito imortal nestas páginas, que reúnem algumas das suas mais significativas máximas de cunho moral, inspirador e motivacional, porque nos incentivam à mudança e à renovação íntima.

O espírito que conhecemos sob o nome de João Cobú foi escravo em solo brasileiro por escolha própria, em duas encarnações consecutivas. Primeiramente africano trazido para a Terra de Santa Cruz a bordo dos navios negreiros, morre em canaviais pernambucanos para, em seguida, reencarnar na Baía de Todos os Santos. Ele, o mesmo espírito que décadas antes desencarnara branco, médico escravocrata das colônias do sul da Nova Inglaterra, do que viria a ser os Estados Unidos da América. Negro por sua própria vontade, "negro como a noite sem estrelas", como às vezes diz.

Há quem diga ser desnecessário o espírito se apresentar como negro ou até mesmo como indígena. "Sinal de inferioridade e apego à matéria", afirmam. Como se houvesse um estabelecimento prévio de que a cor *natural* do corpo espiritual é branca, e todas as demais, tintas com que se pintam – escurecem? – essa brancura. É curioso que traços culturais, no que tange à diversidade de aparências e tons de pele própria da humanidade, sejam vistos dessa maneira, enquanto indumentárias que revelam vivências sacerdotais ou clericais, por exemplo, não sejam objeto de semelhante questionamento. Ainda não ouvi: "Batina e estola também atestam inferioridade e apego à matéria"... De certo modo, ainda bem que não, pois qualquer generalização assim parece muito superficial. Ora, quer dizer que apresentar-se às faculdades mediúnicas assim ou assado denota elevação espiritual? Manifestar-se como caucasiano também é uma escolha, e só não se dá conta disso quem ainda não se apercebeu dos próprios preconceitos no âmbito racial.

Para muitos, porém, a simples menção ao passado de um espírito como padre, madre, freira ou frade já abre as portas da devoção mística alimentada por séculos de culto religioso, ao passo que o mais leve gaguejar, qualquer traço de linguagem popular que revele o vocabulário do negro ancião dos tempos da escravatura já é o suficiente para fechar as portas à mensagem da simplicidade. É claro que existem clérigos elevados, embora os absurdos que inúmeros membros da Igreja tenham perpetrado em nome de Deus ao longo dos séculos, assim como há pretos-velhos que não merecem confiança. Essa certeza apenas reitera o engano clássico que consiste em prejulgar um espírito por sua aparência, assim como pelo nome que assina, conforme o próprio Allan Kardec tratou de assinalar com a devida ênfase.[3]

Por que o estigma racial sobrevive, transpostos os umbrais da vida espiritual? Como é que, entre os que professam a imortalidade da alma e a doutrina da reencarnação, pode-se tomar o espírito pela aparência, se esses mesmos adeptos sabem que o indivíduo hoje é pobre, amanhã rico; hoje nasce mulher, amanhã homem; hoje é etíope, amanhã, quem sabe, japonês?

A fim de abalar de vez quaisquer preconceitos de gênero, credo, raça ou cor, refulge nessas páginas o negro, branco, senhor, escravo, alforriado, livre Pai João de Aruanda. Páginas negras, a fim de colocar toda a beleza da sua negritude bem presente e no altar da elegância, do aprendizado, da estrada de ascensão espiritual. Viver como negro, nada mais, nada menos, para ele significou superar os pontos de vista mais acanhados sobre a vida e ressurgir como espírito multicolorido, uma alma simples com a qual convivemos e que aprendemos a amar.

João Cobú acompanha Robson Pinheiro desde sua infância, quando aparecia nos momentos graves através da mediunidade de sua mãe – embora a contragosto dela, que não gostava de perder a consciência durante o transe. Quando a pupila Everilda Batista se junta a ele na eternidade, o espírito assume a conformação de pai-velho e começa a atuar por intermédio de Robson, que a essa altura já exercia a mediunidade nos círculos espíritas. Durante mais de 40 anos essa convivência se transforma em laços tenazes, que permitem ao espírito trazer sua palavra simples e amiga, seu cuidado atento e protetor nos livros de sua autoria – *Sabedoria de preto-velho*, *Pai João* e *Magos negros* –, além de mostrar outras facetas de sua personalidade como personagem dos romances do espírito Ângelo Inácio: *Aruanda*, *Legião*, *Senhores da escuridão* e *A marca da besta*. Dessas obras de Robson Pinheiro, todas devidamente citadas na bibliografia, é que extraímos as máximas aqui reunidas, que fazem este *Negro* e que exaltam a sabedoria e a simplicidade desse nego-velho Pai João de Aruanda.

CAPÍTULO 1

Fé de Deus no homem;

do homem, na vida

"

A FÉ MAIS TRABALHADA, aliada à inteligência ou à razão, é atributo daqueles que questionam, pesquisam e deduzem suas observações da realidade que experimentam. (...)

Com a fé, acreditando, pode-se utilizar dos elementos da natureza para restaurar a saúde. Por meio da fé, associada ou a partir de certos conhecimentos, é possível recuperar a autoestima das pessoas, insuflar maior qualidade de vida em sua caminhada espiritual. (...) Pessoalmente, nego-velho acredita que a fé é o grande elixir que faz com que os métodos terapêuticos alcancem o efeito desejado. E, quando nego-velho fala de fé, não se trata de simples crença induzida por mentes alheias ou vivenciada apenas na esfera social e cultural. Nego se refere a uma fé que é operosa, que investiga e que se amplia na medida exata em que as investigações se convertem em convicções pessoais, em ciência da alma.[1]

"

“

QUE É ISSO, MEU IRMÃO? Por que falar da casa do outro quando a nossa casa está cheia de motivos para transformação? Por que citar os insucessos espirituais alheios, quando nos falta muito para aprender, caminhar e acertar?

Não perca tempo relatando ocorrências infelizes dos outros. Eles também, tanto quanto nós, se esforçam como podem para abolir a miséria de muita gente e resgatar sua dignidade perdida. São despenseiros do bem, trabalhando em nome do Nosso Senhor, em outra seara, com outros instrumentos.

Se nós estivéssemos no lugar deles, talvez não soubéssemos agir de forma diferente.[2]

”

“

O MUNDO PRECISA de *espiritualidade* muito mais do que de *religiosidade*. E espiritualizar-se é libertar-se de expressões mais materiais, libertar sua fé da necessidade de elementos mais grosseiros e lidar com questões de ordem metafísica destituído de crendices, da maneira mais simples possível.[3]

”

”

CAMINHANDO JUNTOS, sem se fundirem, todos marcharão para o grande amanhã, quando serão praticadas as leis do Cordeiro e será vivido seu reino de forma mais harmoniosa que nos dias atuais.[4]

”

"

O ALTO ENVIA OS RECURSOS; no entanto, não se recebe o que foi pedido, mas o que é necessário para o crescimento interior. Meus filhos então se revoltam, falam com insensatez, recusam-se a compreender e repelem o tipo de ajuda enviada. Em vão. Deus não se curva à rebeldia de filhos imaturos.

O corpo que você utiliza, meu filho, é tão somente um disfarce para camuflar sua infantilidade em relação às questões espirituais. É hora de crescer espiritualmente e experimentar atitudes mais adultas ante os desafios que cruzam seu caminho.[5]

"

“

DEIXE DE LADO TANTO O MEDO de errar como a frustração por causa de suas fraquezas e trabalhe, lute humanamente para superá-las, abraçando aqueles que dividem o caminho com você. Mostre-se mais humano, menos exigente e mais, muito mais compreensivo. Verá, meu filho, quanto você pode ser mais amado e até admirado; sobretudo, se sentirá mais próximo do Pai e de Nosso Senhor, pois foi ele mesmo quem disse: 'Eu não vim chamar os justos, mas, sim, os pecadores' [Mc 2:17].[6]

”

“

O SENTIMENTO DE CULPA é passível de ser enfrentado, trabalhado ou, então, maquiado com novas permissões que geram atitudes cíclicas e repetitivas, dando vazão a conceitos que mascaram a falta de honradez. No entanto, só com o tempo e com os séculos de reeducação que a consciência poderá exigir de meu filho se poderá aquilatar o prejuízo decorrente da infidelidade à vida, tanto em âmbito pessoal como no que diz respeito ao outro, àquele que sofreu com o abandono dos compromissos por parte de meu filho.

Talvez esse capítulo da vida pareça duro aos olhos de meu filho, mas não há como ignorar certas verdades que enfrentamos em nosso dia a dia.[7]

”

"

Do lado de cá da vida, não temos departamentos nem escolas iniciáticas separadas pela preferência religiosa. Não há um departamento católico, outro espírita, umbandista ou evangélico. Os espíritos esclarecidos, que trabalham sob a orientação maior para a evolução do planeta, já estão além dos títulos e das preferências religiosas, bem como da arrogância de muitos religiosos.

Para o enfrentamento da problemática obsessiva, com suas síndromes complexas, é essencial compreender, sobretudo, que a religião do amor está acima da religiosidade; que a espiritualidade de caráter universalista e cósmico está acima da atitude denominacional, partidarista, exclusivista ou sectarista, tão comum à ortodoxia dos movimentos espírita e umbandista. A palavra de ordem, como costumo repetir, é *fraternidade*: união sem fusão, distinção sem separação.[8]

"

“

TEMOS DE MODIFICAR urgentemente nosso conceito de caridade. Muita gente por aí pensa que é caridade tratar o obsessor ou entidade equivocada da mesma forma como se trata alguém já definido em relação ao bem. Deixam que o espírito retorne quando bem entender [no contexto de uma abordagem mediúnica terapêutica], e, assim, ele permanece fazendo o que quer, em nome do livre-arbítrio. Será isso caridade?

Ao perguntar ao espírito Verdade por que o mal predomina na Terra, Allan Kardec obteve a resposta enfática: '*Por fraqueza destes*. Os maus são intrigantes e audaciosos, os bons são tímidos. Quando estes o quisrem, preponderarão'.[9] Por isso mesmo, é hora de vencer a timidez espiritual e ser mais arrojados na execução do bem. Tolher a ação do mal é algo imperioso, a fim de impedir que o desequilíbrio avance.[10]

”

“

NÃO SE ESQUEÇA, MEU FILHO: em matéria de religião, de espiritualismo, umbanda ou espiritismo, o que mais vale é a bandeira do amor e da caridade, sem preconceitos. União sem fusão, distinção sem separação.[11]

”

“

O EVANGELHO DE NOSSO SENHOR nos diz que muitos são chamados.[12] Quando observamos as experiências relatadas nas páginas do Evangelho, vemos duas categorias de pessoas que davam sua colaboração ao trabalho do Mestre. De um lado, os chamados discípulos, ou aqueles que foram chamados a servir como aprendizes da escola espiritual que o Cristo coordenou, tal qual um professor ou rabi. A essa classe numerosa eram dados ensinamentos espirituais compatíveis com sua experiência e sua capacidade de entendimento. Eram a maior parte. De outro lado, no entanto, havia o apostolado, que foi conferido apenas a uns poucos. Aqueles que dele usufruíram foram os eleitos pelo Mestre devido a seu currículo espiritual, no qual certamente se registrava uma ficha de serviço mais intensa e ininterrupta.[13]

”

"

O APOSTOLADO PODE SER entendido como uma convocação ou uma outorga divina para tarefas que exigem pessoas mais experientes ou com maturidade maior que os demais, em determinado contexto. Por essa razão, vemos nas páginas do Evangelho muitos discípulos e poucos apóstolos. Aos últimos eram conferidos ensinamentos mais amplos e detalhados, que exploravam ideias expressas aos demais apenas através de imagens fortes e parábolas. Em contrapartida, exigia-se dos apóstolos atitudes mais condizentes com a importância da tarefa que lhes fora confiada.[14]

"

“

TEMOS DIANTE DE NÓS um desafio imenso (...). É inadiável atualizar o conhecimento espiritual, capacitar os médiuns, instrumentalizando-os com estudo e novas técnicas, além de fundamentar nossas ações nos princípios éticos do Evangelho do Cristo. Estamos no meio de uma batalha espiritual sem precedentes na história. Somos nós os chamados para a hora do Armagedom.[15]

Médiuns, nossos irmãos e parceiros, a urgência da hora exige de vocês – assim como de nós, espíritos – um comprometimento integral com a causa do bem. Não há lugar para vacilações e dúvidas, nem tempo para pestanejar. O momento histórico e espiritual que vive o planeta Terra chama-nos à responsabilidade, e quem não se colocar como instrumento das forças superiores do bem e da luz já está, por si só, entregando-se como instrumento da discórdia e das forças de oposição ao Cordeiro.[16]

”

"

UMA COMUNIDADE reunida é como um grande caldeirão fervente, no qual o cozinheiro deposita diversos ingredientes para fazer uma sopa. Lá estão os legumes, de diversas cores, formatos e texturas; acrescentam-se as verduras, mais delicadas. Não pode faltar o tempero; nem sal demais, nem de menos.

Nessa sopa da fraternidade, os resultados pertencem a Deus, já que você, meu filho, representa os ingredientes. Nada é desprezado pelo Senhor, que a tudo supervisiona com vistas a um objetivo final. As dificuldades que você encontra nos relacionamentos fervem a tal ponto que, aos poucos – sem que isso seja notado, a princípio –, começam a evaporar-se. Dessa maneira, o caldeirão vai transmutando meus filhos, mediante o fogo das experiências que surgem na vida em comunidade.[17]

"

“

JESUS ACREDITOU EM NÓS. Incondicionalmente e sem impor retribuições, ele acreditou em nós. Falta a gente acreditar também. Se Jesus não tivesse fé na humanidade e, em especial, nos seus colaboradores, não teria retornado ao plano espiritual e confiado a obra de regeneração do mundo aos discípulos.

Ele confiou que todos são capazes, que você é capaz. Somente porque demonstrou confiança em cada ser humano é que ele se apresenta ao Pai levando consigo, em sua intimidade, a humanidade vencedora. Sabe que os filhos de Deus têm plena capacidade de levar avante a obra que lhes foi confiada. (...)

O Evangelho é uma mensagem de esperança. Mas não é a esperança do homem em Deus, e, sim, a esperança de Deus no homem. Evangelho é isso, meus filhos.[18]

”

"

É TEMPO DE SAIR dos limites dos templos, meu filho, trabalhando em prol da ideia de uma comunidade planetária, global, e não partidarista. A Terra está dando à luz um novo homem, que ressurge renovado pelas ideias progressistas e que derrubam barreiras engessadas pelo tempo. A crosta espessa formada pelos preceitos antiquados cede lentamente ante a chegada dessa nova geração de seres, que conquista espaço dia a dia no seio da civilização. Aqueles que não se atualizam serão deixados de lado, postos à margem por força mesmo do avanço das ideias e da renovação de conceitos que já ventila o mundo.[19]

"

CAPÍTULO

2

Autoamor: prazer combina
com espiritualidade

"

O CAMINHO DA ESPIRITUALIDADE tem muitas faces interessantes. Nego-velho diria que esse caminho é feito de muitas cores, de muitos aromas, de muitas ervas. Diferentemente das religiões, em que cada uma pretende ser a única forma de agradar a Deus; diferentemente de outros filhos espiritualistas, que também querem acreditar que a sua maneira de buscar o Pai é a mais correta, a espiritualidade (...) é feita de diversas culturas, da fusão de muitas raças, crenças e concepções religiosas. Afinal, aqui onde nós trabalhamos respeitam-se as diferenças, porque existem inúmeras nuances e visões acerca da espiritualidade.[1]

"

"

NÃO DEVEMOS JULGAR ninguém porque lança mão de vestes, rituais ou instrumentos diferentes; enfim, qualquer item que, em nossa comunidade, julgamos desnecessário. Em matéria de espiritualidade, vale muito mais a intenção e o coração do que as palavras bonitas, a roupagem externa ou mesmo a maneira como se pretende buscar a vida espiritual. A forma não é nada se não há força moral, força vital ou o poder iniciático real e verdadeiro. Mais do que de espiritismo, umbanda e espiritualismo – com ênfase nos 'ismos' das religiões – precisamos mesmo é de mais espiritualidade, ou seja, de uma visão mais abrangente das coisas.[2]

"

"

Até quando você baseará sua felicidade nas reações emocionais de outra pessoa? Pense nisso um pouco, antes de ficar procurando culpados pela vida afora. Abra seu coração para viver com mais qualidade, aproveitando as oportunidades de ser feliz tanto quanto você pode.[3]

"

“

Meu filho querido, é momento de acordar, construir sua vida e os fundamentos de sua felicidade sobre sua própria realidade, desprovida de fantasias e projeções. Em primeiro lugar, ame-se, compreendendo seus limites e, em seguida, procure degustar o que a vida lhe oferece a partir da sensação de ser humano, exatamente como os outros 6 ou 7 bilhões de seres reencarnados no planeta. Prossigamos, imperfeitos ainda por longo tempo, mas animados da vontade e da disposição de melhorar, embora não obcecados por atingir estados ainda impossíveis de imaginar. Ser feliz é resgatar a simplicidade em nossa intimidade e também reconhecer quanto nos falta percorrer, sem nos deixarmos desencorajar jamais.[4]

”

"

O CORPO QUE VOCÊ POSSUI é o mais apropriado para seu crescimento pessoal. Embeleze-o, faça dele uma habitação agradável para si, mas tenha em mente uma coisa: ele traz a mensagem exata que você precisa aprender a ler. Tente entender o que seu corpo quer lhe ensinar sendo do jeito que ele é. Antes mesmo de efetuar nele uma modificação, perceba a mensagem inarticulada contida em suas células e órgãos. Caso não seja possível alterá-lo, meu filho, procure amar seu corpo e fazer dele o ambiente mais agradável para a vivência de seu espírito.[5]

"

“

A VIDA PARECE muitas vezes difícil. Eu sei! E você ainda diz, meu filho, que a vida é dura... Pai-velho lhe fala com todo o carinho que essa dureza da vida é só aparência, pois, se a vida lhe parece dura, é porque você é mole. (...)

Sem aqueles espinhos, sem as pedras e desafios ou as sinuosidades do caminho, não aprenderíamos o valor das experiências, nem teríamos noção da grandeza da vitória. Enfim, sem os obstáculos, meu filho, ninguém conseguiria saborear a vida e o viver.

Aprenda a viver o caminhar, a sentir o sabor do percurso, e quem sabe você não perceberá a beleza da paisagem? Não espere a vitória plena a fim de se alegrar, de se descontrair ou usufruir as coisas boas. Aproveite a caminhada e aprecie a beleza ao seu redor *durante* a jornada. A viagem rumo à vitória é mais saborosa em seu percurso que na linha de chegada.[6]

”

“

Que é isso, meu filho? Você foi feito para brilhar... Por que, então, tanta vergonha assim de se expor? Por que tanta falta de autoestima? Acorde para a vida e se entregue às correntezas do amor. Foi Jesus quem disse que somos deuses, somos luzes. Mas a luz deve ser colocada bem alto, a fim de iluminar toda a casa. Portanto, brilhe, ilumine, apareça.

Se você pretende passar-se por humilde, e desse modo deseja ficar escondido, os outros ainda assim falarão de você: dirão que é covarde. Só os covardes se escondem, murcham e se inibem diante da vida. Se quer permanecer apagado, e desse modo resolve ficar somente dentro de casa, dirão que é preguiçoso... (...)

Levante a cabeça, cresça, apareça e sorria para a vida. Você é um representante de Jesus, um embaixador das estrelas. Não há como seguir Jesus e permanecer escondido com conceitos falsos de humildade. Seguir o bem ou seguir Jesus significa expor-se, aparecer, ser diferente ou apresentar um diferencial, que se chama *qualidade*.[7]

”

"

MEUS FILHOS têm mania de se punir mais do que se estivessem no cativeiro e fossem obrigados a sentir o chicote do feitor. A diferença está apenas na forma. Punem-se ao não se permitir viver com alegria, harmonia e paz. Utilizam o chicote da culpa, e aí se estabelece a dificuldade.

Muita gente pode ser e ter muito mais do que aquilo que usufrui. Inventaram uma desculpa de humildade, que ninguém ainda possui, mas que muitos dizem ter. E, com a interpretação transtornada de alguns conceitos trazidos por Nosso Senhor Jesus Cristo, tem muita gente religiosa por aí que se acha prisioneira de uma vida acanhada e miserável. A humildade não está na roupa que se veste ou na voz mansa, ensaiada por muitos filhos aí pela Terra. Com o pretexto de serem humildes e religiosos, muitos desvalorizam a própria mensagem que abraçaram, com reservas desnecessárias.[8]

"

“

DÊ MAIOR QUALIDADE e beleza àquilo que você faz; permita que o universo ajude você a vencer e descubra-se um vencedor. Pare de se menosprezar: vista-se bem, viva bem, apresente-se melhor ainda e verá que, à medida que você investir em si mesmo, a vida dará respostas cada vez mais claras às suas necessidades e impulsionará seu espírito rumo às alturas da realização íntima. Seja feliz e não se puna com uma vida acanhada.

Estamos no século XXI, e não há mais lugar no mundo para gente tímida diante da vida. A vitória, sob todos os aspectos, é daqueles que ousam, que enfrentam desafios e que se permitem ser felizes. Tenha a coragem de investir em você mesmo.[9]

”

"

Os espíritos que trabalham em nome de Nosso Senhor Jesus Cristo inspiram todo empreendimento e todo avanço que visam eliminar as ideias sectárias e exclusivas, pois os homens precisam se aproximar mais uns dos outros. Em breve os guetos, o bairrismo e as bandeiras separatistas cederão, dando lugar à vivência de uma espiritualidade comunitária e global, em que os filhos de Deus falarão a linguagem da fraternidade.

É o progresso das ideias, meu filho, que paulatinamente liberta o homem dos grilhões que o prendem ao passado e prepara os filhos da Terra para o encontro com os filhos das estrelas. A espiritualidade contempla a diversidade; é plural, comunitária, apartidária; enfim, *inclusiva*.[10]

"

“

A PESSOA MAIS FELIZ não é aquela que tem mais; é a que menos necessidade tem. Por essa razão, aprenda urgentemente a simplificar sua vida e assim descobrirá a felicidade verdadeira – disfarçada de simplicidade.[11]

”

"

TUDO É ESPIRITUALIDADE no mundo. Nosso aprendizado em busca da felicidade inclui a descoberta da espiritualidade nas pequenas coisas que realizamos e experimentamos. Quando meus filhos acordarem para essa realidade intrínseca à própria vida, quem sabe não estarão aptos a vivenciar mais amplamente aquilo que denominam felicidade?[12]

"

“

A ETERNIDADE É AQUI, e a felicidade deve começar agora. Não aguarde a morte do corpo para então usufruir de uma felicidade para a qual você não se preparou. É preciso começar o ensaio para ser feliz já neste mundo! Assim, sua vida será muito mais intensa e prazerosa, e você poderá oferecer uma contribuição de qualidade para a renovação do mundo.

Como as outras pessoas interpretarão a vida espiritual se veem você cabisbaixo, amargurado e insatisfeito consigo mesmo? Acha que se sentirão atraídas pela verdade que você professa vendo-o assim, mal resolvido emocionalmente e infeliz, devido às proibições que impõe a si mesmo? Você e os religiosos em geral precisam rever o modo como apresentam a espiritualidade.[13]

”

"

O planeta Terra tem muitas experiências maravilhosas para serem vividas por seus filhos. Jesus, Nosso Senhor, não falou que 'O reino dos céus é semelhante ao fermento que uma mulher toma e introduz em três medidas de farinha' – isto é, mistura à massa – 'até que tudo esteja levedado'?[14] Ora, isso equivale a dizer que seus seguidores, representantes fiéis do reino dos céus, do Evangelho e de sua mensagem, são o fermento com o qual a massa levedará! Mas como fazer crescer a massa se meu filho se retrai, cheio de pudor e medos, sem se envolver com a sociedade para promover qualidade em torno de si? Quem ama se envolve, meu filho. E a massa da humanidade está carente de qualidade. É por este motivo que você foi chamado a viver no mundo: para transmitir tanto a mensagem de otimismo quanto a ideia de que é possível viver a vida com prazer, alegria e satisfação – porém, de maneira honrada, não castradora nem punitiva, como alguns religiosos teimam em mostrar a vida espiritual.[15]

"

"

MEU FILHO VIVE NO MUNDO; portanto, não há como se afastar dos impulsos da vida social. Mas pode, muito bem, conhecendo seus pontos fracos, organizar-se mental e emocionalmente antes de enfrentar qualquer investida infeliz ou de arriscar-se nos espinhos sedutores da hipnose dos sentidos. Manter o pensamento ligado com a dimensão superior através da prece e de uma leitura sadia é um método eficiente para liberar a mente do material tóxico e corrosivo, tão abundante nos cúmulos das experiências passadas malsucedidas. Desse modo, evitará pôr em risco sua conexão com o Alto.[16]

"

CAPÍTULO 3

Espíritos, e não agência de resolução de problemas

"

Para o bem não há fronteiras... Num mundo onde a ignorância e o sofrimento abrem chagas no coração humano, o chamado da espiritualidade ecoa em nós de forma a rasgar o véu do preconceito espiritual.

A seara, de extensão condizente com as nossas necessidades de evolução, espera corações fortalecidos no propósito de servir sem distinções.

A humanidade desencarnada, quando despida de dogmas e limitações, abre-se em realização plena em favor daqueles ainda presos a conceitos inibidores da alma.

Pretos-velhos, doutores, caboclos, pintores, filósofos, cientistas e uma gama infinita de companheiros chegam a nós demonstrando a necessidade urgente de fazer algo, movimentando em nós mesmos, em favor do próximo, os recursos que promovam a libertação das criaturas.[1]

"

"

Por que razão um mago negro dedicaria esforço para atingir aquele que não faz diferença ou não promove a renovação na sociedade ou na comunidade onde vive? Por que gastaria tempo com pessoas comuns, que não representam nenhuma ameaça a seus projetos, organizações e redutos? Até mesmo para ser obsidiado por esse tipo de espírito a pessoa deve ter *merecimento*, para fazer uma brincadeira. Afinal, para sobressair à vista de magos negros e cientistas da oposição, há que oferecer algo incomum, que lhes pareça perigoso ou denote risco para a consecução de seus planos. Definitivamente, não é qualquer um o alvo de seres assim.[2]

"

"

NÃO SE PODE PENSAR QUE todo espírito sabe tudo, nem sequer que os chamados mentores têm pleno conhecimento. (...)

É preciso conhecer cada vez melhor os espíritos que dirigem os trabalhos de meus filhos, pesquisar mais e questionar sempre, a fim de não se deixarem levar por artimanhas de espíritos mistificadores e mesmo de médiuns imprudentes, que também se comprazem na mistificação.[3]

"

“

Os problemas apresentados pela vida têm endereço certo, e não há como transferi-los para os espíritos resolverem. Se determinada luta ou dificuldade chega até você, compete a você vencê-la. Na sede de livrar-se do processo educativo ministrado pela vida, meus filhos esperam que nós, os espíritos, possamos isentá-los de seus desafios. Isso é irreal. Não detemos o poder de transferir de endereço a receita de reeducação que vem para cada um. (...) Fomos chamados pelo Pai para auxiliar meus filhos, apontando o caminho ou a direção mais provável para alcançarem êxito na construção de sua felicidade.[4]

”

“

Se procura tanto assim um conselho dos espíritos do bem, por que rejeita seguir os ensinamentos deixados por eles nos livros psicografados e nas inúmeras mensagens que dão em toda parte? Nego-velho sabe, meu filho, que essa atitude reflete um desejo de ser tratado de maneira especial, distinta, como se sua situação fosse mais grave que a dos outros.[5]

”

"

Apenas traduzimos em palavras mais ou menos atuais e num vocabulário mais afeito a esta ou àquela comunidade as receitas insuperáveis que Nosso Senhor deixou registradas há 2 mil anos. Sabe por quê, meu filho? É que os dramas e conflitos humanos permanecem os mesmos de antes, e a prescrição para eles não é diversa da que o Evangelho apresenta. Se acaso subestimar as palavras do Evangelho, sem compreendê-las nem lhes dar o devido valor, aí então você sairá a esmo, buscando coisas fantásticas e soluções mirabolantes, varinhas mágicas acompanhadas de promessas que nunca se concretizarão.[6]

"

“

A DISTÂNCIA, AS DIVERGÊNCIAS OU as separações que se veem entre as diferentes formas de trabalho são, em grande parte das vezes, estabelecidas pelos encarnados, que trazem ainda resquícios de preconceito religioso e racial. Do lado de cá da vida, ao contrário, somos apenas filhos de Deus, todos parceiros na construção de sua obra; não há partidarismo religioso. Tanto faz para um espírito elevado atuar como pai-velho numa tenda umbandista humilde ou escrever a orientação psicografada sob a luz do espiritismo cristão, desde que seu trabalho seja em benefício da humanidade e do próximo.[7]

”

"

Deus não espera que realizemos muito em nossas experiências. Ele sabe quanto nos falta ainda percorrer na estrada do aperfeiçoamento para que possamos retribuir à vida na medida exata do investimento que foi feito em nós. Espera-se tão somente que cada passo dado seja compreendido, vivido com alegria, palmilhado com satisfação. Se não encontramos sementes de felicidade nas coisas mínimas e pequenas, de modo algum saberemos valorizar o somatório dessa felicidade quando se configurar na forma da vitória final.

É necessário saborear a caminhada, mesmo que ela não seja aquilo que desejávamos. É essencial perceber cada detalhe e dar a ele o valor exato, colocando vida e intensidade nas mínimas questões. Deixar-nos envolver pelos detalhes nos fará mais capazes de usufruir o total, a completude daquilo que almejamos.[8]

"

“

NA COMUNIDADE ESPIRITUAL da qual faço parte, consideram-se títulos e posições sacerdotais como máscara para encobrir a verdadeira situação do espírito que lança mão de tais recursos, que é de mendicância espiritual.

Ao aportar do lado de cá da vida, a maioria das pessoas que, ao longo da existência, escondeu-se atrás de títulos e posições hierárquicas, ou se projetou como sacerdote de diversas religiões e seitas da Terra, traz estampada na fisionomia espiritual a situação lamentável de seu espírito, que requer socorro imediato e mais intenso do que os consulentes e eventuais clientes que a procuraram durante a existência física.[9]

”

“

MUDANÇA DE HÁBITOS e substituição dos antigos costumes por outros, de maior qualidade e respeito consigo próprio; reeducação do pensamento, de modo a criar nova egrégora,[10] mais otimista, positiva e elevada; elaboração de emoções mais saudáveis e abandono de atitudes destrutivas – a busca por um tipo de vida mais harmonioso é uma ótima forma de manter-se ao abrigo de eventuais sugadores de energias. (...)

Qualquer método que não leve em conta a necessidade de renovação ou de reeducação mental e emocional irá falhar – ao menos, terá efeito bastante fugaz. Sem a manutenção de uma vivência sadia, de nada adiantará submeter-se a este ou àquele tipo de limpeza energética, pois logo se regressará à situação anterior.[11]

”

“

Ao abordar temas complexos como baixa magia e feitiçaria, tenhamos o cuidado de não abdicar da simplicidade dos métodos espíritas, tão duramente conquistados ao longo dos anos e ainda em aperfeiçoamento. Respeitemos os outros, sua metodologia e sua fé, mas sejamos sinceros e coerentes, sem perder de vista a proposta do espírito Verdade.[12]

”

CAPÍTULO

4

Nadar a favor da corrente

"

Somos como as folhas de uma grande árvore. Quando o vento passa, nos leva para onde a força da vida indicar.

Todos são espíritos. Todos são imortais. Nós não temos cor, não temos raça nem bandeira que limite a nossa ação. (...)

É preciso se desapegar do mundo. Usar as coisas que estão no mundo sem se submeter a elas. Essa, a verdadeira essência da sabedoria. Somos todos imortais, espíritos, filhos da vida, de Deus. Coisas passageiras não fazem parte do que é eterno, e o que é eterno não pode ficar preso àquilo que é passageiro.[1]

"

"

Há muita gente que se boicota o tempo todo. Desde o início alimentam o pensamento com ideias derrotistas, desculpismos e, com isso, adiam o sucesso e a felicidade. Quando a pessoa preenche a mente com esse tipo de imagem e não se vê merecedora de algo melhor, ela afasta de si a vitória, não se permitindo conquistá-la. Na verdade, está a operar uma magia mental muitíssimo eficiente contra si mesma.

Não há magia mais aterradora ou feitiço mais destruidor do que aquele forjado contra si mesmo na mente que o concebeu. A mente tem forças tão poderosas que fazem a energia atômica se assemelhar a uma simples brisa diante de tamanho potencial que repousa desconhecido na intimidade do próprio homem. Eis o boicote da felicidade, que não depende de mais ninguém para se concretizar.[2]

"

"

QUEM CEIFA HOJE resultados positivos não é porque seja uma pessoa boa, espiritualizada ou cheia de graça e dotes especiais. Seguramente ela aprendeu a semear no silêncio, perseverou em seus esforços e reforçou sua convicção de que é possível ser vitoriosa e feliz; investiu e cultivou seu trabalho com fé, certa de que o tempo haveria de fazer germinar suas sementeiras e trazer frutos compatíveis com a qualidade daquilo que plantou. Tudo está na mente, no pensamento, na persistência e na resolução de permanecer fiel às disposições otimistas, mesmo ante os momentos mais graves, sem abdicar daquilo de bom que se abriga na intimidade.[3]

"

"

É ESSENCIAL, MEU FILHO, que você peça a Deus sabedoria para perceber em que sentido fluem as águas da vida, da felicidade. Não adianta você praguejar insatisfeito enquanto se debate contra a corrente. Haverá somente desgaste de suas forças. Comece a nadar no sentido da vida e descubra a correnteza de sua felicidade particular. Com um pouco de observação e meditação, você poderá descobrir em que direção sua vida apresenta facilidades e assim perceber os talentos depositados em você e diante de você.

Depois, meu filho, basta investir numa estratégia para realçar aquilo de bom que sabe fazer, realizar com satisfação e qualidade o que for possível e então colher os frutos do empreendimento. Diante de qualquer coisa na vida temos de aprender a descobrir o sentido dessas correntes de felicidade, êxito e plenitude.[4]

"

"

Por que você se inquieta procurando ser algo, se não foi programado para isso pela providência divina? Isso é nadar contra as correntes da harmonia! Reconheça em você aquilo que sabe fazer, distinguindo suas habilidades, mesmo que sejam aparentemente simples e triviais. Trabalhe, invista e dedique-se às coisas com as quais você tem afinidade e que domina, com o máximo de satisfação e qualidade. Realce os aspectos positivos e excelentes de seu talento espiritual e deixe de querer ser aquilo que, pelo menos neste momento, não foi chamado a ser. Cada peça e todas juntas desempenhando corretamente sua função são importantes ao bom funcionamento da engrenagem.

Quando você atentar para essa realidade[5] verificará que as coisas serão mais fáceis, e a realização espiritual será algo comum em sua intimidade.[6]

"

“

SABE, MEU FILHO, nego-velho conclui que a maioria das pessoas não é satisfeita com o que possui tão somente porque não está feliz com o que é. Cometem o engano de dirigir sua felicidade para o que possuem, esquecendo-se do que são interiormente.[7]

”

“

Aqueles que se demoram na cama sem se satisfazer com o sono, demandando mais tempo para encarar a vida, estão fugindo de desafios, de se enfrentar ou de topar as atribulações diárias da maneira comum a todos. Inconscientemente, abrigam-se debaixo dos lençóis e dentro de casa, ou então se desculpam de modo indefinido, como reflexo de uma fuga interna que se manifesta em sua atitude de viver. Repare, filho, que quem age assim nunca está satisfeito consigo mesmo. Projeta essa insatisfação no mundo, nas pessoas ao seu redor, cobrando delas impacientemente, embora de maneira inconsciente. Lançam mão de palavras duras na hora do diálogo e ferem muita gente pelo seu modo de falar, disfarçado de sinceridade. Tudo isso não serão disfarces para encobrir suas deficiências e retirar de si mesmo a responsabilidade por sua participação no mundo? Será mais fácil exigir dos outros em vez de empenhar-se e educar-se ante as atitudes que você já identificou em si mesmo?[8]

”

"

É FUNDAMENTAL A ABERTURA CONSCIENTE para o novo, o avanço que se incorpora à base, ao que já existe. Muitos insistem em ver a mudança como substituição do que se fez até então, o que é um equívoco de grandes proporções. Capacitar-se significa somar, e não subtrair ferramentas.[9]

"

"

Liberdade, meu filho, é algo que pode ser compreendido de diversas formas. Mas a liberdade de que muitas vezes vocês falam e que tanto defendem parece ser uma forma de se liberarem dos compromissos assumidos.

A liberdade não é total no mundo chamado Terra. Estamos livres dependendo da compreensão e da consciência que temos desenvolvido ao longo do tempo. Mas, à medida que nos sentimos moralmente livres, ligamo-nos a compromissos, tarefas e ideais que abraçamos naturalmente, em nome do progresso das almas, da comunidade e do mundo. Dessa maneira, nunca estamos completamente livres, no sentido em que muita gente fala por aí.

A liberdade é para o bem, e não para o mal. (...)

A liberdade de que fala nego-velho não se assemelha à liberdade dos animais selvagens que correm em bandos pelas pradarias africanas. Isso não é liberdade; é falta de direcionamento.[10]

"

“

A MENSAGEM ESPÍRITA — isto é, dos espíritos — auxilia os homens a dilatar sua visão. O momento precioso pelo qual passa a humanidade mostra que é imperioso *ver*, em vez de tão somente enxergar. É necessário sensibilidade para perceber a importância da hora em que vivemos.

Para que violentar o outro, desejando que ele veja as coisas, se comporte ou seja como nós pensamos ou queremos? Podemos optar pelo desarmamento interior, pela pacificação de nossas almas mediante o esforço da convivência pacífica e respeitosa. Como pai-velho disse certa vez, podemos estar unidos sem nos fundirmos um no outro. É possível conservar cada um suas características, embora ligado e unificado ao próximo pelo sentimento do amor, pelo trabalho conjunto e pelo respeito às diferenças.[11]

”

“

Nego-velho chama a atenção para a necessidade de desenvolver um olhar mais abrangente sobre o cotidiano, as experiências da vida e os acontecimentos que delineiam a existência. Tudo é transitório e passageiro no mundo chamado Terra.

E, por mais paradoxal que pareça, devemos atentar para o seguinte fato, meu filho: em nossos relacionamentos diários, as grandes conquistas não estão configuradas pelos momentos de pico ou depressão energética e emocional. Os eventos que balizam o dia a dia, sob essa ótica, não são os mais importantes. As coisas realmente preciosas e proveitosas estão nas pequenas ocorrências que transitam entre uma e outra posição. Isto é: nas pequenas coisas, nos mimos insuspeitos e nas ações triviais que às vezes passam despercebidas.[12]

”

"

QUANDO TRATAMOS do assunto energia e espírito, a lei de afinidade faz-se bastante presente, e meus filhos somente absorvem as energias que meu filho chama de discordantes[13] porque, dentro de si mesmos, existe algo de tipo equivalente e de teor vibratório similar ao da energia atraída.[14]

"

CAPÍTULO 5

Planejar e recomeçar

“

NÃO AJA POR IMPULSO nem baseada nas emoções, porque se arrependerá sempre. Pare de reagir e aja; seja uma pessoa ativa, que toma as decisões baseada num planejamento de sua vida. Não transfira a outros, quer espírito ou encarnado, a direção de sua vida. Você é arquiteta da própria felicidade, minha filha.[1]

”

"

Inúmeras pessoas que assistem à sua vida desmoronar, aos negócios falirem vez após outra ou à família sucumbir, em face dos problemas insolúveis, julgam-se vítimas de um feitiço ou uma maldição lançados por alguém, quando, na verdade, elas próprias se desorganizaram mental e emocionalmente.

Geram formas-pensamento destrutivas e pestilentas; induzem situações que lhes favorecem posturas e escolhas que, por sua vez, acarretam sérias consequências, das quais mais tarde se arrependem amargamente, embora não consigam voltar atrás, desculpar-se, emendar-se e prosseguir de maneira diferente. Agem com falta de inteligência e sabedoria, em virtude de ideias desarmônicas e concepções degeneradas, que tornam sua vida um mar de lágrimas, lamentações e decepções.

O pior é que esperam que os espíritos resolvam por elas algo cuja gênese está dentro de si mesmas.[2]

"

“

O QUE RESOLVE MESMO é o Evangelho – entendido, estudado, mas sobretudo vivido. E, quando falo da vivência do Evangelho, não me refiro a uma *reforma íntima* incompreensível, e muito menos a algo pouco possível de ser alcançado, segundo determinados indivíduos propõem. Refiro-me a uma mudança de rota do comportamento humano; a uma redecisão que sucede à análise e à revisão de valores. Faço menção ao Evangelho em sua expressão mais simples, que produz no ser humano a modificação de sua frequência vibratória por meio da mudança real, que se traduz em novos comportamentos, atitudes, ideias e ações. Isso, sim, elevará a pessoa a um estado vibracional muito mais refinado do que aquele desencadeado pela feitiçaria e pela magia negra.[3]

”

"

NÃO PERCA TEMPO com comportamentos místicos e disfarces, já que você tem tanta bagagem em seu interior que merece reciclagem. Existe muito lixo mental que deve ser banido de sua intimidade, meu filho, cedendo lugar a ideias organizadas e melhores.

A reciclagem dos pensamentos urge para aquele que reconhece a necessidade de semear colheitas promissoras. E, quando nego-velho fala em reciclagem do conteúdo mental, é porque deseja enfatizar que muita coisa precisa mesmo é ser reorganizada, revista e restaurada. Nem tudo deve ser descartado, mas apenas algumas ideias, por serem ultrapassadas e daninhas à sua realização pessoal.[4]

"

"

Somente muito poucos têm um mandato do Alto, com determinada incumbência mais específica. Não tem cabimento ficar imaginando que você é um eleito ou que tem missões a desempenhar. Se assim fosse, a esta altura, já teria empreendido algum feito vultoso. Deus, no entanto, conta conosco para realizações bem mais simples que nossas pretensões, meu filho... De toda forma, se permanecer à espreita do momento certo, a oportunidade de hoje passa, a vida se esvai, e, de repente, é hora de recomeçar em outro plano.[5]

"

"

VOCÊ SABIA QUE É PERMITIDO errar, meu filho? Pois é, você pode perder o controle da situação de vez em quando, como também é natural que você não cumpra todos os prazos estabelecidos ou os compromissos assumidos. Por definição, isso é ser *humano*. Errar a direção, brigar vez por outra ou simplesmente não ser certinho o tempo todo, pretendendo agradar a todos, são características que reforçam sua humanidade, meu filho. De ninguém se exige sucesso durante a vida inteira, pois, mesmo que você queira acertar sempre, ainda continuará sendo gente, mortal. O sinal de que algo não vai bem é quando os erros e desacertos do cotidiano se transformam em marca registrada do comportamento de alguém.[6]

"

“

QUEM SABE, MEU FILHO, você não possa formular uma visão mais ampla de si a partir daquilo que conhece de sua própria realidade e sob o olhar atento do próximo mais próximo a você?

A vida é constante exercício, e, se eventualmente não temos clareza suficiente para uma atitude mais crítica ou analítica a nosso próprio respeito, talvez venhamos a despertar diante das observações que os amigos, subordinados ou parentes façam de nós. Está aí um belo exercício de conhecimento de nossas atitudes e sua repercussão sobre aqueles que nos cercam.

Quando finalmente entrarmos em sintonia com certos fatos cuja realidade resistimos trazer à tona, podemos conscientizar-nos com maior clareza de nossos ímpetos e impulsos. Quem sabe, meu filho, então você se sentirá estimulado a partir para algo mais construtivo?[7]

”

"

Os pedregulhos na estrada, quando fixados indefinidamente pelo olhar, sob o calor do Sol, costumam se multiplicar à visão do ser. Mas, se você recolher essas pedras, meu filho, terá adquirido experiências proveitosas, utilizando-as como base de alguma construção. (...) Observe também, meu filho, os aparentes percalços da jornada espiritual e tire proveito deles para o seu crescimento. (...)

Todos estão integrados no contexto espiritual favorável ao crescimento de suas almas. Se algo o incomoda, procure corrigir a si mesmo, rever seus sentimentos e emoções e renovar suas atitudes perante a vida.

Direcione seus pensamentos e sentimentos e interprete tudo pela ótica do eterno bem, entendendo, meu filho, que você dispõe exatamente daquilo e daqueles de que mais necessita para o seu aprendizado.[8]

"

"

NÃO DEIXE O RANCOR tomar conta de seus dias nem a culpa dominar sua mente. Você precisa se perdoar, meu filho. Experimente o benefício do perdão e você se libertará de tanta coisa arraigada e endurecida dentro do seu coração.

Deus, que é sábio e perfeito, não exige tanto de você quanto você mesmo. Que tal parar com essa cobrança intensa e viver com mais simplicidade?

As coisas podem até estar difíceis, mas, do jeito que você impinge culpa a si mesmo, não há como nada ficar melhor. Reavalie suas possibilidades e entenda que você não tem de acertar tudo e não deve ser santinho o tempo todo. Também não conseguirá agradar a todo o mundo, não. Nem o Nosso Senhor Jesus Cristo conseguiu. É preciso compreender que todos têm limites e que devemos respeitá-los. Você mesmo tem seus próprios limites, e, se errou como pensa que errou, estamos todos em processo de aprendizado.[9]

"

“

Aprenda, meu filho, que criança alguma caminha sem antes cair. Somos aprendizes da vida, crianças espirituais. Não significa dizer que devemos errar indefinidamente, mas que precisamos urgentemente exercitar o perdão a nós mesmos. Compreender que fomos criados perfectíveis, e não perfeitos – portanto, com a possibilidade do erro inserida em nosso programa evolutivo.

Perdoe-se e viva melhor. Ame-se mais e permita-se ser humano. Quem não exerce o perdão consigo próprio encaixota-se em culpas e respira em clima de autopunição. Existe maior cativeiro que o da escravidão da mente que se acorrenta em culpas? Esse tipo de grilhão mental, não há princesa nem decreto que o rompa, não há força que o arrebente. Somente você poderá se libertar de si mesmo e viver um clima interior de paz. Sem o esforço do autoperdão, meu filho, não há como prosseguir no aprendizado que a vida proporciona.[10]

”

"

TEM HORAS, MEU FILHO, que precisamos alterar nossa rota. Certas vezes, a vida mostra que as coisas não ocorrerão conforme planejamos; porém, podem dar certo sob uma nova perspectiva ou se realizadas de um modo até então impensado. Mesmo assim, tem gente que insiste em perder, devido ao medo de recomeçar. Tanto persistem nas situações derrotistas que não conseguem ouvir a mensagem que a vida lhes traz: "É hora de mudar". O mundo está se modificando, e a vitória, em muitos aspectos, é daqueles que ousam tentar algo diferente em seus empreendimentos.

Portanto, veja bem, meu filho. De um lado, temos o desafio de continuar e perseverar naquilo que elegemos para nós; e, de outro lado, precisamos ter a sensibilidade, o bom senso e a coragem para sabermos redirecionar nossos projetos pessoais quando se fizer necessário. Parece paradoxal? Parece mesmo, mas a vida é isso. É tentativa. Tentativa real e consistente, e não superficial, como vemos às vezes.

"

“

Para que qualquer negócio dê certo é preciso planejamento; é essencial traçar uma estratégia que permita a concretização das etapas, uma a uma. E lembre, meu filho: qualquer projeto que você empreender em sua vida é como fazer um negócio ou vender uma ideia. Porém, caso não venha acompanhado de um plano bem elaborado, não há como dar certo. Trabalhar por trabalhar, erraticamente, não traz sucesso a ninguém. Passe a observar: aquelas pessoas que você admira, dotadas de sucesso profissional, financeiro ou espiritual, planejam suas ações de forma minuciosa e desenham uma estratégia para concretizar seu planejamento. Mesmo a vida espiritual ou emocional de meu filho requer um plano de ação; do contrário, você ficará à deriva, indefinidamente.[12]

”

CAPÍTULO

6

Feitiço mental

é deixar de tentar

“

MEU FILHO ESTÁ CONFUSO? É preciso coragem para modificar, para decidir e ousar. A vida, meu filho, só permite a vitória daqueles que ousam, que decidem, que realizam.

Quando a crise visita os meus filhos, é que já é hora de modificar alguma coisa. (...) Reclamar, chorar e adiar decisões não resolve problema algum.

Aliás, meu filho, tem algumas coisinhas que você poderá fazer em benefício próprio. Não adie aquilo que você tem de fazer. Adiar é uma forma de sabotar a si próprio. Não procure culpados ou culpas; vá atrás de soluções e assuma sua responsabilidade. Aprenda a se organizar e agir.

Meus filhos estão acostumados a reagir e, então, não conquistam a vitória. Choram e lamentam, mas ainda isso é uma reação. Seja uma pessoa ativa. Em vez de reagir, aja. Uma ação é muito mais inteligente do que uma reação.[1]

”

“

BANHOS, DEFUMAÇÕES, PASSES ou qualquer outro recurso empregado na defesa de meus filhos só será eficaz caso desenvolvam uma atitude mental e emocional sadia. Não adianta pensar que os espíritos resolvem tudo, porque não resolvem. (...) O máximo que podemos fazer é direcionar meus filhos, mas isso não exime cada um de caminhar com as próprias pernas, com os próprios pés. É vivendo e desenvolvendo uma ação construtiva e ética diante da vida que meus filhos se sentirão ao abrigo de forças inferiores. Rezas fortes nem banhos, ebós nem sacudimentos conduzirão ao objetivo desejado se meus filhos não aprenderem a viver, intensamente e com profundo respeito, a espiritualidade e os conceitos de defesa psíquica.[2]

”

"

NÃO É QUE A TEMIDA MANDINGA ou coisa feita tem uma utilidade que nego desconhecia? É disfarçar preguiça, dificuldade de promover mudanças e outras coisinhas semelhantes. Função bem a propósito para os filhos que rejeitam perceber quando é hora de mudar de atitude ou de negócio e inovar na forma de investir naquilo em que acreditam. Recusam-se terminantemente a empreender transformações e, com o passar do tempo, deixam de acompanhar o progresso e estacionam indefinidamente no fracasso ao qual se entregaram.[3]

"

“

É IMPERIOSO MUDAR seu jeito de fazer as coisas. Não resolve lamentar-se, dizendo que está dando tudo errado, pois as coisas só vão tomar outro rumo quando você aprender a fazê-las de modo diferente. Observe: o perdedor sempre repete o método de ação, isto é, roda o mesmo filme e espera que o final seja diferente. Você não concorda que é urgente se conscientizar de que suas atitudes estão equivocadas e que é hora de ter coragem para modificá-las?[4]

”

"

NÃO CARECE PROCURAR CULPADOS ou responsáveis pelo que acontece com você. Onde se localiza seu inimigo? Onde ele se esconde que você usualmente não o percebe? Em seus próprios pensamentos e crenças íntimas! Você age como inimigo de si mesmo ao mascarar a realidade com desculpas e – o que é pior – crê firmemente e sustenta a desculpa inventada a tal ponto que sua vida passa a ser pautada pelo derrotismo e pela autopiedade, tentando assim despertar a comiseração dos outros em relação a você.[5]

"

"

É TENTADOR PAGAR ALGUÉM para fazer um "trabalho" ou uma oferenda que satisfaça seu disfarce e sua teimosia. Mais fácil do que se enfrentar, ter a coragem de admitir seu equívoco e reconhecer a necessidade de mudança. (...)

A vida educa-nos, meu filho, ainda que nos mantenhamos rebeldes com relação a seus processos didáticos.[6]

"

“

NÃO ADIANTA falar com as entidades e os guias ou procurar o auxílio dos orixás, como muitos acreditam, pois tanto a solução como a gênese de todos os problemas estão dentro de você, meu filho.

”

“

Os tropeços e percalços da jornada fazem parte do processo educativo, que visa ao amadurecimento durante a caminhada. Também são úteis para preservar-nos do orgulho, que nubla nossa alma quando nos consideramos melhores que os irmãos de humanidade. A metodologia utilizada pelo Pai não falha jamais. (...)

Não se iluda quanto às suas possibilidades de êxito e às de seus irmãos. Mesmo os missionários – que não existiram assim em tão grande número na Terra –, mesmo eles erraram bastante e tiveram de lidar com isso, de forma a não se entregar a atitudes derrotistas e falsos conceitos de espiritualidade. Nossa capacidade de aprender com nossos limites, falhas e defeitos é que cria em nós a resistência para enfrentarmos desafios maiores no futuro. Se você se acha incompetente para determinada incumbência, então observe as crianças em idade pré-escolar e procure enxergar nelas o gênio do futuro. Tente apreender que a natureza não dá saltos. Com você, meu filho, é a mesma coisa.[8]

”

"

E VOCÊ, MEU FILHO? Aguarda o quê? Talvez você não queira, não acredite ou não se sinta capaz de realizações mais amplas, entretanto pode deixar suas marcas e pegadas na estrada da vida. Não se espera de nós grandes feitos, mas apenas que registremos nossas impressões no mundo, de maneira a realçar a quantidade de amor que fomos capazes de doar. Todos podem fazer tal coisa, e é tão somente isso que se espera.

Caso se sinta envergonhado com seus limites ou julgue restritas suas possibilidades íntimas, é provavelmente um sintoma de que você deve trabalhar sua autoestima em caráter de urgência, meu filho.[9]

"

“

No planeta Terra, todos somos necessitados de algum tipo de socorro ou auxílio; contudo, quando relutamos em procurar ajuda e nos apegamos às nossas exigências e reclamações, então o caso é grave. Nossas justificativas e alegações, por mais nobres que pareçam, filho, não resolverão os problemas nem solucionarão os equívocos da caminhada. Além do mais, servirão para aumentar a falta de confiança que os companheiros de jornada porventura depositaram em nós. É isso mesmo, pois é bom recordar, meu filho, que a confiança é algo difícil de conquistar, mas extremamente fácil de perder.[10]

”

"

UM FATOR QUE NÃO deve ser esquecido em hipótese alguma. no contexto da vida no planeta Terra. Falo do livre-arbítrio de cada ser humano. esteja ele no corpo físico ou não. E liberdade significa responsabilidade e a obrigação de arcar com as consequências de suas escolhas e de seus atos."

"

"

PRA QUE CHORAR? POR QUE se lamentar? O tempo que você gasta derramando lágrimas é o mesmo que você ganharia construindo algo de positivo em sua vida. Você fica aí chorando e reclamando, curtindo raiva e mágoa e nem ao menos sabe que você é o maior prejudicado?

Primeiramente perde um tempo muito precioso com essa lamúria toda; depois, meu filho, você passa por chato e fraco diante daqueles que elege para ouvir suas mágoas. E depois? Bem, assim se lamentando, perde a oportunidade de dar a volta por cima e fazer alguma coisa realmente boa de sua vida. (...)

Levante a cabeça e tome uma decisão inteligente. Aja com sabedoria. Você é filho de Deus e irmão de Nosso Senhor Jesus Cristo. Tem uma vida inteira pela frente aguardando você, para ser vivida com qualidade.[12]

"

“

Ninguém vai descobrir você escondido aí, em seu cantinho particular e, com um passe de mágica, apaixonar-se. Saia para viver e mostre-se, apareça, brilhe e invista em si mesmo. O mundo transformou-se muito nos últimos séculos, e você dormiu demais em seu sonho e fantasia. Cuidado para que, quando acordar, não se encontre num pesadelo diante da realidade.

Sonhos e ideais são muito bons, mas somente agindo é que os meus filhos poderão realizar qualquer empreendimento e encontrar satisfação na vida. Ninguém vive apenas de sonhos e ideais. É preciso que meus filhos tomem atitudes e parem de mascarar e desculpar sua omissão. Assuma uma postura agressiva e de coragem diante da vida e não se entregue ao sono da alma, pior do que o sono indefinível daqueles que fogem da responsabilidade.[13]

”

"

ATITUDES MESQUINHAS com relação a si mesmo não resolvem seus problemas internos. Baixar a cabeça, destilar amargura e enclausurar-se entre as paredes de uma falsa ideia religiosa não trarão a satisfação esperada – nem enganam nenhuma pessoa, a não ser você mesmo. Tenha a coragem, meu filho, de erguer a cabeça, experimentar coisas novas, inovar, mesmo diante do comodismo até então tolerado. Com atitudes diferentes, você poderá retemperar suas emoções – e, ao manter-se ligado à fonte divina do bem, estará ao abrigo daquilo que se costuma ver como desequilíbrio.[14]

"

CAPÍTULO

7

Toda magia começa

na mente

“

NÃO HÁ COMO FUGIR da responsabilidade de ser o próprio semeador de sua felicidade ou infelicidade. Não adianta culpar espíritos, procurar coisa-feita ou mandinga ou mesmo tentar fazer um trabalho para mudar a situação.

Somente você poderá fazer o trabalho operoso de modificação. Não há como mudar os sentimentos dos outros nem as emoções alheias.

”

“

OBSERVE, MEU FILHO, que muitas pessoas querem erguer em torno de si um campo de defesa energética ou espiritual, contudo não cuidam da natureza dos pensamentos que cultivam e dos clichês que elaboram em torno de si. Ora, qualquer proteção energética ou espiritual depende inteira e diretamente da qualidade da produção e do substrato mental de quem almeja a imunidade vibratória ou fluídica. A força e o dínamo da corrente magnética que mantém ativos e eficazes os campos de proteção que envolvem o indivíduo – tanto quanto a comunidade – estão enraizados na sua conduta mental. Não há como escapar a essa realidade; é do arcabouço psíquico que se extrai a matéria-prima para sustentar a defesa ou imunidade espiritual. Irradiar pulsos magnéticos e fortalecer escudos das mais variadas formas e métodos será inócuo se o ser não cuidar das fontes do pensamento e não compreender tais leis de manutenção do equilíbrio energético.[2]

”

“

Nego-velho fica pensando como tem gente que vulgariza questões espirituais a ponto de julgar ser possível, mediante um simples estalar de dedos, obter resposta mental e agir sem empecilho no plano extrafísico. A única conclusão a que posso chegar é que muita gente perdeu a noção dos limites, o senso de autocrítica e quer resultados rápidos sem dedicação. Não há como manter a mente em sintonia ou arregimentar recursos para a criação de campos de força após poucos minutos de dedicação. (...) A ninguém é dado agir no plano extrafísico com desenvoltura tão somente pronunciando algumas palavras, estalando dedos, sem submeter-se a treinamento demorado, persistente e disciplinado. Só gradativamente, mediante prática contínua, é que se desenvolve tal força mental, tal capacidade de comando.[3]

”

"

Muita magia que pretensamente se vê por aí não passa de automagia, de magia mental ou auto-obsessão; não é mais que paranoia, neurose de espíritos ou psicose, que requerem a intervenção urgente de um "mago" psiquiatra para solucionar a problemática.[4]

"

“

A MAGIA MENTAL, PRATICADA inescrupulosamente por muitos seres — e, em grande parte, sem notar que estão usando uma força hipnótica —, é a mais poderosa forma de magia existente.

Através da magia mental se engendraram as grandes guerras, causando lamentável destruição no ambiente terreno, na dimensão física e também na extrafísica. (...)

Não há dúvida de que esse é o mais terrível dos feitiços, a magia mais forte e perigosa, e a obsessão mais complexa de que se tem notícia.[5]

”

"

O PENSAMENTO É a base de tudo no mundo. Toda construção do progresso humano nasceu do pensamento, que se associou a outros semelhantes e formou ideias. Essas mesmas ideias geraram esboços e planos, seguidos e postos em execução de modo a corresponder ao pensamento idealizado. Processo análogo ocorre em relação à prática do mal, às guerras e às inúmeras situações que prejudicam o homem tanto quanto sua morada planetária. Tudo surge a partir do pensamento concebido na mente. Mais poderosa do que a bomba atômica, a energia nuclear ou qualquer outra potência de que se tenha notícia, a força do pensamento é a fonte geradora de todo o bem e de todo o mal que existe sobre a Terra, em suas diversas dimensões.[6]

"

"

ASSIM COMO HÁ QUEM SOFRA com o corpo sem higiene, há os que mantêm a mente poluída com pensamentos de desarmonia. Precisam urgentemente de uma mandinga bem feita para aprender a se livrar dos maus pensamentos através de uma meditação nas palavras do Nosso Senhor Jesus Cristo. Limpe os pensamentos, harmonize suas emoções e prossiga sua caminhada, meu filho, acertando quanto puder as desavenças entre você e os seus. Diversas queixas de meus filhos são questões simples de solucionar, e, na maior parte dos casos, um banho de Evangelho associado ao perfume do coração consegue fazer muito mais por você do que as complicações que procura para dar respostas imediatas aos seus desafios. Desenvolva a capacidade de simplificar as coisas, pois a vida é cheia de caminhos complicados, e, ao percorrê-los, abrimos certas trilhas que nos conduzem, às vezes, à infelicidade. É importante descomplicar nossa busca e simplificar as soluções.

"

"

NO CASO DE UMA REUNIÃO de caráter mediúnico, o pensamento é tudo. Ninguém improvisa concentração da força mental apenas em alguns minutos de reunião semanal. É preciso exercitar o pensamento através de visualizações criativas de ordem superior, com regularidade e afinco, para que, quando for exigido do operador ou médium que utilize sua força mental nas criações de campos de força ou de contenção, ele, já experiente, não vacile. Convém observar ainda que, no cotidiano, os médiuns atraem espíritos afins com a natureza de suas próprias criações mentais. Todo pensamento exerce repercussão imediata em torno de nós.[8]

"

“

DEVEMOS OBSERVAR A AÇÃO do pensamento sobre os fluidos e o poder do magnetismo. Sem a educação do pensamento, é impossível trabalhar nas correntes magnéticas em benefício da humanidade – e isso não se consegue apenas nos breves instantes de uma reunião mediúnica. O trabalhador do bem que se posiciona como médium deve entender que, quanto mais persistente for o pensamento gerado, tanto mais forte será sua ação no corpo físico e em outras dimensões. A disciplina mental, meus filhos, é obtida no dia a dia, nas lutas vivificadoras do cotidiano. Em meio aos entrechoques da vida social e familiar está o grande desafio; nessas ocasiões, é necessário esforço para conquistar a disciplina de manter-se conectado às forças soberanas da vida.

”

"

NENHUM SER DAS SOMBRAS obriga ninguém a fazer aquilo que não quer ou o que já não existe em germe, dentro da pessoa. Eles apenas realçam e dão cor àquilo que já existe.[10]

"

"

Você é o programador de seu próprio cérebro, o condutor e diretor de tudo o que ocorre em seu corpo. Como diz um amigo espiritual, o cérebro físico pode ser comparado a um computador feito de nervos e material biológico. Ele obedece fielmente àquilo que você determina e age estritamente segundo as informações com as quais você o alimenta. (...)

Se seu pensamento é responsável pela maneira como o cérebro administra seu corpo e pela interpretação dos eventos em seu cotidiano, não seria apropriado que vocês atentassem mais para a qualidade de seus pensamentos?[11]

"

"

Se os pensamentos influem tanto na interpretação dos fatos da vida, imagine o poder de suas emoções! Os cinco sentidos são portas abertas para captar as impressões do mundo; entretanto, as emoções reafirmam a ordem mental e realçam qualquer situação interna que você porventura esteja vivenciando.

Veja bem, meu filho, o que ocorre. Uma circunstância ou um evento qualquer da vida pode parecer trágico para você e ser realçado ao máximo em sua intensidade e suas consequências. Isso tornará seu dia um inferno particular. Suas emoções, contudo, ajudam a dar um novo colorido a tal acontecimento.

"

"

NOSSO ESTADO DE SAÚDE ÍNTIMA, meu filho, é o resultado de nossa programação mental e emocional. O que está a seu redor, seja mau ou bom, é apenas a realidade criada a partir de suas próprias emoções, cujo reflexo também indica tudo aquilo que o incomoda no mundo. (...)

Quando você acredita firmemente que há algo errado, meu filho, seu sistema orgânico, emocional e mental forja essa crença particular de tal maneira e com tal intensidade que impede você de ver outra coisa, a não ser aquilo que crê existir.

Quer ver? Você se levanta pela manhã acreditando que seu dia será um fracasso, que o sol não brilhou como você queria e que a chuva lá fora estragou ou vai estragar seu dia. Pinta a realidade de forma cinzenta. Naturalmente, o cérebro vai interpretar tudo de acordo com a crença imposta, e realmente, meu filho, o dia vai ser um drama de proporções compatíveis com as emoções que impingiram em seu cérebro a visão dramática que você teima em sustentar.[13]

"

"

ORAR AINDA É O MELHOR remédio contra as investidas do mal. Além de o poder da oração nos elevar à conexão direta com a força suprema que rege o universo, à qual chamamos Deus e Pai, uma vivência sadia, de acordo com os ensinamentos de Nosso Senhor em seu Evangelho, faz com que se erga um tipo de aura ou barreira em torno de nós, dificilmente permeável aos ataques dos representantes do mal.[14]

"

“

CADA UM DE MEUS FILHOS é arquiteto de sua felicidade, de seu bem-estar emocional, de sua qualidade de vida – ou da falta dela. Afirmativas como essa têm sido repetidas por muitas pessoas, mas permanecem como uma verdade ainda não introjetada.[15]

”

"

A MAIS EFICAZ LIMPEZA energética consiste em um comportamento coerente com o conselho evangélico: "Vigiai e orai".[16] No entanto, como a grande maioria dos encarnados ainda não despertou para a vivência sadia baseada nos princípios vividos e apregoados por Cristo, naturalmente ficam à mercê de energias mais densas, de acordo com seu comportamento e a lei de afinidade.[17]

"

“

IDEIAS PESSIMISTAS E DERROTISTAS ou calcadas no orgulho exagerado, além de pensamentos de ódio, raiva, rancor, vingança ou, ainda, qualquer tipo de emoção deprimente, tais como angústia, ansiedade, inveja e outras semelhantes, atraem o fluido mórbido correspondente. Por processo de sintonia magnética com essas energias, produzidas no interior do organismo, os chacras são induzidos a absorver elementos do plano astral inferior, que passam a crescer e se desenvolver no corpo físico. A eclosão dos sintomas variará segundo a tenacidade e a persistência[18] do sentimento ou pensamento, bem como dependerá da sensibilidade do sujeito a esse gênero de vibrações.[19]

”

"

É IMPORTANTE LEMBRARMOS, meus filhos, que feitiço ou magia não abrange somente o preparo de objetos ou condensadores energéticos por parte dos especialistas, magos e feiticeiros. Hoje, estudamos também, como símbolo e subproduto da magia, os poderes mentais mal conduzidos, as manipulações químicas da indústria do aborto e as armas letais, que inteligências invulgares se dedicam a elaborar, destruindo milhares e milhares de vidas a partir de seus laboratórios. Além desses exemplos, também movimentam poderes ocultos perniciosos o falatório inútil, as brigas e disputas entre irmãos de fé, que se tornam inimigos íntimos a troco de tão pouco. Todos esses elementos materializam cotas de energias mórbidas e destrutivas, que se agregam às auras dos irmãos encarnados e são ou serão absorvidas por seus organismos. Tudo isso é magia, é feitiço, é encanto.[20]

"

CAPÍTULO

8

Viver adversidades não é o mesmo que sofrer

“

Quando você toma a decisão de fazer alguma coisa e a faz, você movimenta energias, e movimentar implica deixar de lado a ociosidade espiritual, emocional ou energética. Equivale a fazer uma faxina em seu interior e limpar tudo de dentro para fora. Esse é o resultado de uma atitude deliberada, de uma ação construtiva. Fazer alguma coisa, e não apenas pedir ajuda ou deixar que outros façam por você.[1]

”

"

O êxito de processos de goécia é favorecido em diversos casos (...): pessoas supersticiosas, que adotam crenças mais místicas do que racionais; doentes de depressão, em que arrefecem as defesas psíquicas; aqueles que abrigam e alimentam pensamentos vingativos e comportamentos de franco desequilíbrio, nos quais predomina a vibração emocional e mental de nível inferior. (...)

Podemos acrescentar: sentimentos como inveja, falta de fé nas forças sublimes da vida ou em Deus, desamparo espiritual e emocional, bem como complexos de inferioridade e perda da confiança que nos faz acreditar nas coisas boas da vida... Contudo, mais daninho à saúde psíquica e energética do que cultivar tais elementos é contentar-se com tal estado de coisas, procurando convencer-se dia a dia de que a vida simplesmente é assim, sem remédio; de que ela não avança desse estado de miséria espiritual e subnutrição de felicidade.[2]

"

"

A DOR É PARA TODOS, mas o sofrimento é só para quem quer. Essa verdade é demais para meu filho? Acha que nego-velho está caduco? Não mesmo. Basta dar uma olhada nos exemplos que o mundo nos apresenta a cada dia. Pessoas há que, apesar de todos os desafios da existência, das dores e das dificuldades enfrentadas, não se entregam de forma alguma às lágrimas e lamentações e, agindo desse modo, tornam-se vencedoras. Suas dores e inquietações não são menores do que as nossas, meu filho, mas, mesmo assim, sua postura íntima é que define o grau de sofrimento experimentado.

"

“

NEM TUDO NA VIDA é questão de merecimento, meu filho. Compete a nós viver as coisa como processo educativo, que nos conduz a um entendimento mais amplo sobre nós mesmos e o universo.[4]

”

“

Em qualquer situação da vida, temos de considerar que cada um tem limites, mas seu ritmo de vida, desde que explorado convenientemente, será um excelente aliado para o progresso de todos.

Comece observando seu próprio ritmo de vida. Quando outra pessoa exige de você ou espera algo que está além de suas forças, aguardando uma resposta que meu filho não se vê capacitado a dar, não há como se sentir satisfeito consigo nem com aqueles com quem se relaciona. Normalmente, nesses casos, o ser humano acaba agindo fora do ritmo de sua vida, forçando as circunstâncias e comprometendo os resultados.

Viver uma experiência nova, que transcenda seu ritmo, ou ainda ampliar essa cadência só será possível mediante o amadurecimento e o reconhecimento, por si próprio, de que é imperioso modificar-se.[5]

”

“

QUEM DERA nossos amigos espiritualistas pudessem se reunir para orar pelo planeta, pelas nações e pelos dirigentes. Notamos que muitas vezes se preocupam exclusivamente com o problema das pessoas que estão a seu lado: afligem-se somente com o próximo mais próximo, em detrimento de todo o resto. Esquecem-se de que, para o mundo se renovar e atingir o estágio de regeneração, esses focos infecciosos deverão ser extirpados também. O mundo, portanto, não é somente o Brasil. O mundo é toda a comunidade global.

”

"

A CHAMADA LEI DE RETORNO vibratório fatalmente fará com que ambos recebam de volta uma determinada cota de energia, de padrão idêntico à que foi manipulada (...). Tudo o que emitimos a partir de nossa mente, seja bom ou mal, beneficia ou maltrata a nós próprios."

"

"

Meu filho, por que se entregar à tristeza? Melancolia e depressão não levam a lugar algum – a não ser à cama ou ao hospital. Aprenda a se ocupar com coisas boas, a perceber o lado bom de tudo e veja quanto falta ainda por realizar. Gente deprimida e triste não produz qualidade. É preciso dar mais valor a você mesmo. A vida pede maior qualidade. Entenda que você é responsável por tudo o que está acontecendo com você mesmo.

Isso o assusta? Mas é isso mesmo. Você só está assim porque você permite.

Sabe o que lhe faltou, meu filho? Faltou senso de limite. Limites para você e limites para os outros. Você perdeu o controle da situação e agora lamenta. Isso não adianta. Atitudes derrotistas não resolvem, apenas aprofundam os problemas.[8]

"

"

Dúvida? Lamentação? Coração sofrido? Não se entregue, meu filho. Erga-se para a vida. Todo obstáculo é desafio divino para a conquista da felicidade.

Não se permita lamentar-se e sofrer. Deus abre as janelas da vida para que seus filhos aprendam a valorizar as coisas belas e boas. Não fixe o pensamento no mal aparente. Esforce-se para realçar o lado brilhante, as coisas boas e positivas e as situações mais felizes.[9]

"

“

FREQUENTEMENTE, OBSERVA-SE nos indivíduos uma tendência de se afastar daqueles que não pensam ou não se comportam dentro de certos padrões. Mas nego pergunta: como essas pessoas se beneficiarão, se são alijadas ou excluídas? Como poderão se modificar ou ser estimuladas a fazê-lo, caso julguem necessário, se não há união, se são segregadas e impedidas de participar de experiências enriquecedoras? Por isso nego-velho reafirma a necessidade de aproximação daqueles que não comungam das nossas opiniões ou não rezam o mesmo catecismo.[10]

”

"

A INVEJA DA VITÓRIA ALCANÇADA pelo outro faz com que você pense que ele recebeu tudo o que possui de forma privilegiada. Logo, você não consegue ver além daquilo que imagina ocorrer: acredita que alguns obtêm privilégios da vida e não percebe ou simplesmente desconhece quanto tais pessoas silenciosamente lutaram, sem que você soubesse os dramas vivenciados e superados por elas. Do trabalho alheio, você enxerga apenas a melhor parte – o resultado – e, pondo-se a cobiçá-lo, adia suas lutas individuais em busca do sucesso e da vitória.

"

"

SEJAMOS MENOS DRAMÁTICOS em nossa forma de avaliar os fatos e as notícias que chegam a nós. Desenvolvamos a capacidade, meu filho, de ver tudo com naturalidade e assim compreender melhor as mensagens que estão estampadas nos acontecimentos. Dramatizar as coisas não resolve absolutamente nada.[12]

"

"

Na época do cativeiro, muitos negros, diante do inevitável – mas temporário – exercício da escravidão, lançaram-se à revolta, à vingança e passaram a vida a lamentar-se da situação a que foram conduzidos para a reeducação de suas almas. Outros, diante da mesma realidade, compreenderam imediatamente que não adiantava, naquele momento, lutar contra o inevitável. Tentaram, assim, tirar proveito da situação. Investiram no trabalho, embora continuassem sendo escravos; aperfeiçoaram seus dons e aprofundaram-se naquilo que já conheciam. Alguns negros, certamente influenciados por sua afinidade com a natureza, tornaram-se indispensáveis a seus senhores, em virtude de haverem se especializado no manuseio de plantas e ervas medicinais, beberagens e todo o conhecimento iniciático que conquistaram. Eram os médicos naturalistas mais experientes que se conhecia, naqueles tempos em que o serviço público de saúde escasseava ou praticamente inexistia.[13]

"

"

ACREDITAR NA PRÓPRIA derrota, convencer-se de que as coisas estão erradas e, ainda, que você não merece a situação ou realidade a seu redor é algo que se mostrará desastroso para você. Passe a crer na vida, em novas chances, em renovação e recomeço. (...) A vida nos ensina a todos, mesmo aos desencarnados como nego-velho, que seguir em frente, tentar novamente e de modo diferente – em suma, recomeçar – é sinônimo de progresso, coragem e genialidade.

Temos de acreditar que é possível; que tudo está certo do jeito que é e que os desafios existem para que os enfrentemos, e não para serem convertidos em rosários de lamentação e lágrimas de autopiedade. Dê às suas emoções nova feição, com vistas a decodificar os fatos da vida de modo menos trágico. Viva com naturalidade e aprenda a apreciar a beleza da tempestade e da chuva tanto quanto a beleza do sol (...)

Aprenda a tirar proveito de tudo com a tranquilidade emocional de alguém que é parceiro da vida.

"

NEGRO

“

MUITA GENTE TAMBÉM sofre de autoenfeitiçamento. São vítimas de si mesmos. É o processo de auto-obsessão, tão falado nos meios espíritas, meu filho. Há indivíduos que se fecham num círculo mental pernicioso ou entram num circuito fechado de emoções desequilibradas, acabando por instalar em si mesmos, em sua aura e seu corpo, os venenos mentais e emocionais criados.[15]

”

CAPÍTULO
9

Levanta-te e anda!

“

SE O DESESPERO AMEAÇA tomar conta de você, que tal resolver de vez essa sua dificuldade? Esse tipo de sentimento infeliz é o resultado da sua falta de fé. Não daquela fé de que muitos falam por aí. É fé em um ideal, fé no futuro. Falta a você a coragem de lutar e a decisão de prosseguir apesar de todas as dificuldades. (...)

Pare e pense. Erga a cabeça, que ela não foi feita apenas para ficar cheia de miolos, não. Pense, organize os seus pensamentos. Reorganize a sua vida e continue andando. Mesmo devagarzinho, ande. Não se permita ficar parado. Deus abençoa, mas é preciso ter coragem para a maior experiência do mundo – que é viver.[1]

”

“

LAMENTA E CHORA AINDA? Deixe as lágrimas se derramarem sobre as feridas da alma, mas cuidado, meu filho, para não se afogar em pranto e lamentações. Deus espera que você seja a materialização dele para o aperfeiçoamento do mundo. Como filho do Pai, embaixador das estrelas, saia por aí sorrindo e enxugando as lágrimas daqueles que sofrem. Abra os olhos para a vida e verifique: aquele dentre nós que teve todos os motivos para reclamar das dores do mundo, que recaíam sobre si mesmo, morreu de braços abertos para o próprio mundo.

Por que, então, permanecer com os braços cruzados, aí sentado?[2]

”

“

A reversão do processo obsessivo complexo demanda também, da parte da pessoa visada, a promoção de uma mudança de hábitos e da elevação da frequência vibratória de seus estados mentais, o que se consegue através de estudo e disciplina mental, bem como de apoio e orientação emocional. Aliás, nesse quesito, nada há de diferente do que é necessário com vistas à cura de qualquer obsessão, talvez com a singularidade de a modificação ser ainda mais emergencial, dada a gravidade do quadro apresentado.[3]

”

"

É HORA DE RENOVAR nossos conceitos a respeito das questões espirituais que nos envolvem. Transferência de responsabilidade pelo que sucede conosco não resolverá problema algum. Precisamos enfrentar e enfrentar-nos, conhecendo a real origem dos desafios que a vida nos apresenta, certos de nossa capacidade de desenvolver a coragem para buscar as soluções. Se por ora não podem ser encontradas, quem sabe? – talvez possamos modificar a rota. Isso realmente exige coragem.[4]

"

“

MÃOS À OBRA, MEU FILHO! Chega de perder seu tempo na expectativa de aprovações ou comprovações. Se você acha que tem uma tarefa a cumprir, não são os espinhos nem as incompreensões que o deterão. Isso apenas estimula a caminhada em direção ao ideal. Nenhum dos seguidores do Cristo que lograram realizar algo de proveitoso e que dedicaram sua vida em benefício da humanidade se deteve ante as tempestades ou vendavais das experiências humanas. Nenhum deles se deixou abater por comentários depreciativos a seu respeito nem por opiniões contrárias; em vez disso, foram avante, empenhando-se e se transformando ao longo do caminho.[5]

”

“

QUE NINGUÉM SE ENGANE. Urge iniciar a maior obra de todos os tempos: nossa transformação íntima. Milagres e sinais, temos o tempo inteiro, dentro e fora de nós. O sorriso de uma criança, o desabrochar de uma flor, o canto dos pássaros, o abrir e fechar dos olhos ou a simples brisa que passa – tudo isso constitui fenômeno divino à disposição daquele que tem sensibilidade para percebê-lo. Aguardam algum brado mais forte? Que tal atender ao choro das crianças desamparadas ou ao pranto dos velhos sem lar? Talvez, ao clamor das mães desesperadas, que anseiam por sua contribuição de amor. Esses fatos representam o grito de Deus, as vozes dos espíritos sublimes chamando à responsabilidade seus filhos imaturos.

Não se iluda, meu filho: a tarefa é simples assim. A maior mediunidade a que podemos aspirar é o serviço incansável em benefício dos filhos do calvário.[6]

”

"

APRENDA A CAMINHAR com seus próprios pés, meu filho. A dependência do outro é a causa de muitos males. Quando você começar a agir por si mesmo, sem esperar aprovação ou aplausos alheios, descobrirá motivações e prazeres extraordinários. Consciente de que ninguém além de você é capaz de castigá-lo por seus enganos, poderá usufruir da vida com maior tranquilidade e sem sentimento de culpa. Prestar atenção no outro, a fim de ver se está olhando ou vigiando você, então será um comportamento desnecessário. Ou seja: você viverá com mais suavidade e naturalidade – e será você mesmo. Submeter-se a chantagens emocionais ou podar-se na realização de suas experiências também serão cenas do passado, pois, nessa situação de autonomia, você será apenas um filho de Deus livre para o amor.[7]

"

“

É IMPRESCINDÍVEL VER, além de enxergar. É melhor para você, meu filho, acostumar-se com o fato de que nenhum de nós é espírito resolvido ou detentor de alta espiritualidade. (...)

Há dignidade em enfrentar os desafios da vida. Caso se resumisse em acontecimentos suaves e coisas boas e agradáveis, seria muito fácil a vida na Terra – além de insossa, sem grandes proveitos e, principalmente, inerte e sem crescimento. Manter-se fiel e produtivo nas atividades espirituais durante os tempos de bonança é algo corriqueiro, mas a todos estão reservados momentos de provas, mais ou menos intensas de acordo com a necessidade educativa de cada um. Com vistas a demonstrar esse fato, tais ocasiões foram reservadas a todo espírito que vem à Terra, seja em caráter de prova ou de missão.

Tome-se como referência o que houve com Nosso Senhor Jesus Cristo: se nem ele foi poupado da via dolorosa, quanto mais aqueles que esperam segui-lo.[8]

”

“

AJUNTE FORÇAS, reúna pedaços do seu coração e dos demais e aglutine tudo com profundo amor. Trabalhe incessantemente, de mãos dadas, compreendendo a si e aos outros, que certamente farão coisas maravilhosas.

Nenhuma corrente, nenhuma senzala, nenhum feitor ou capitão do mato poderá impedir seu crescimento espiritual, social ou emocional. Você é luz eterna, candeia com substância divina, capaz de iluminar corações e deixar impressas suas marcas em outras vidas.[9]

”

"

O AMOR É COMO UM BUMERANGUE, você joga e ele sempre volta, acompanhado de outro coração. (...) Felicidade não cai do céu, como chuva. Ela sempre será conquistada, e, afinal, você não é diferente dos outros. Todo mundo só conquista a felicidade através de muita dedicação, trabalho e amor. (...)

É preciso coragem para ser feliz, assim como é preciso muito tempo para sentir-se jovem.

É isso aí, meu filho, enxugue as lágrimas, pare de lamentar-se e aprume-se. Enfeite-se de sorriso e decore sua vida com o belo. Só depende de você ser feliz – aqui e agora. Quem ama se envolve; não se afaste dos outros e nem se entregue à falsa ideia de solidão. Só ficam sós aqueles que não amam.[10]

"

“

TEM GENTE DORMINDO demais por aí. Você não acha, meu filho, que esse sono todo é um processo de fuga ou preguiça disfarçada? Às vezes preto-velho vê meus filhos reclamarem das coisas: que estão difíceis, que a vida está cada dia mais dura e os negócios não correspondem aos investimentos realizados por vocês.

Mas, veja bem, meu filho, dormindo desse jeito você vai perder enormes oportunidades. Quem quer vencer na vida não entrega seus negócios para outros administrarem. Estude as atitudes dos vencedores e você poderá ver que cada um deles assumiu por si mesmo a atividade na qual se destacou. (...) Acordar é ser agressivo e romper com o ócio; é ser arrojado no mundo, assumindo atitude de vencedor na vida. É ser ativo, proativo, e não se entregar à fuga da consciência.[11]

”

CAPÍTULO 10

Nem santo, nem fraude

"

Pessoas que passaram por uma verdadeira iniciação, quando encarnadas, trazem um rastro de realizações atrás de si. (...) Refiro-me a uma iniciação constante, progressiva, espiritual, profundamente comprometida com a ética e o crescimento do espírito humano. É algo bem distante das barganhas ou das fantasias pensadas para festas... Um dia, em longínquas culturas, talvez guardassem algum sentido espiritual, porém hoje não passam de desfiles carnavalescos de que sobressai apenas o cuidado com as coisas da matéria: a profusão de comes e bebes, as roupas vistosas e inusitadas, sem contar a disputa e o jogo sensual ou erótico, elementos que servem somente para mascarar a pobreza espiritual de quem alimenta tais espetáculos de viciação espiritual.[1]

"

“

VOCÊ ESTÁ AGITADO, MEU FILHO? Parece ansioso. Tranquilize sua alma. Assim você não resolve problema algum e ainda causa outros piores para você e para quem está perto.

Que tal você se conhecer um pouco melhor? Agitação, ansiedade e nervosismo são os três sinais de que você não se conhece bem. Você não consegue agradar a todos. Nem você se sente satisfeito consigo mesmo. Por que se debater assim?

Você não é perfeito. Portanto, não adianta exigir perfeição dos outros ou daquilo que fazem. Nem você conseguiu organizar sua vida direito! Você não tem que saber tudo, fazer tudo ou dizer as coisas certas. Ninguém é certinho o tempo todo.[2]

”

"

SOU NEGRO. Mas a brancura do linho se estampa na simplicidade do meu olhar, que tenta ver apenas o lado bonito da vida.

Sou velho, sim. Mas é na experiência da vida que se adquire a verdadeira sabedoria, aquela que vem do Alto.

Sou velho. Velho no falar, velho na mensagem, velho nas tentativas de acertar.

A minha força, eu a construí na vida, na dor, no sofrimento. Não no sofrimento como alguns entendem, mas naquele decorrente das lutas, das dificuldades do caminho, da força empreendida na subida. (...)

Sou forte. Mas quando me deixo encher de pretensões, então eu descubro que sou fraco. Quando aprendo a sair de mim mesmo e ir em direção ao próximo, aí eu sei que me fortaleço.[3]

"

“

MAGOS NEGROS, CIENTISTAS e entidades desse porte não podem ser ignorados, porém não se curvam diante de pessoas, sejam elas médiuns ou não, que não apresentem comportamento coerente com suas palavras, atitude interna sadia e autoridade moral ou ficha de trabalho espiritual de alto nível. (...) Viver aquilo que se prega, ser coerente com a mensagem que se diz defender: eis o maior dos trunfos. De nada adianta ser um poço de informações, ter clareza acerca das leis espirituais ou saber de cor trechos e mais trechos de livros diversos. Sem vivenciar aquilo que estuda, o médium será incapaz de produzir efeito significativo sobre os espíritos.[4]

”

“

Muita gente quer chamar a atenção para algo que não é, e realçar dotes espirituais que não possui. Esquece que, se está reencarnada no contexto atual, é que precisa estar entre seus iguais a fim de resgatar muitas ações lamentáveis que perpetrou no passado. Ser médium, com raras exceções, não implica situação espiritual significativa – mas regenerativa.[5]

”

"

Vejam como exemplo a atuação do próprio Nosso Senhor Jesus Cristo. Mesmo matando a sede e a fome de multidões, ele não arranjou emprego para ninguém. Curou e restabeleceu a saúde de muitos que nele criam, mas não libertou ninguém das consequências de seus atos e escolhas. Sabendo das dificuldades sociais da época, não intentou resolver questões que somente poderiam ser transpostas com o tempo e o amadurecimento daquele povo. Em momento algum o vimos a prescrever fórmulas para dar fim a desavenças de ordem familiar, socioeconômica nem tampouco emocional,[6] recomendando meios de trazer o marido de volta ou fazer a pessoa amada retornar aos braços de quem a deseja. Uma vez que ele é o Senhor de todos os espíritos e não promoveu coisas nesse nível, como poderemos nós, seus seguidores, sequer cogitar realizá-las?[7]

"

“

SERÁ, MEU FILHO, que você está sendo tolerante e compreensivo com o próximo mais próximo? Ou está utilizando dois pesos e duas medidas?

É fundamental aplicar senso crítico mais apurado na análise de nós mesmos. Corremos o risco de querer muito e, com isso, perder tudo.

Quantas vezes usamos a palavra para exigir, reivindicar, protestar e quantas outras para agradecer, incentivar ou reconhecer? Uma palavra é o suficiente para realizar muito em benefício de nossa paz, além de solucionar conflitos e pendências seculares. A palavra é poderoso instrumento da mente nos relacionamentos que a vida física proporciona, podendo abrir estradas ante a nossa cegueira espiritual e nossa insensibilidade emocional.[8]

”

“

Você tem consciência, meu filho, de que todas as pessoas que convivem ou compartilham suas vidas com você podem errar também, agir de forma incorreta ou ser pura e simplesmente grossas e irritantes, tanto quanto você em diversas ocasiões?

É duro de ouvir isso, meu filho? Mas nego-velho afirma que tudo o que nos incomoda no outro ou não nos agrada no comportamento alheio é puro reflexo de nossa insatisfação com nós mesmos. O outro é um espelho que reflete nossas próprias deficiências, que rejeitamos reconhecer.

Todavia, tome cuidado, filho: não há lei que obrigue ninguém a tolerar indefinidamente nossas exigências de perfeição ou de santidade compulsória.[9]

”

"

Errar todos erram, mas transformar o erro em aprendizado é para poucos. A Terra é uma grande escola de almas, e, já que os erros fazem parte da trajetória da humanidade, somos forçados a concluir que o equívoco deve ter sua função. Nesse sentido, errar não somente é humano; a transformação do erro em lição é uma metodologia divina.

Estacionar no erro pode gerar imensas consequências para meus filhos; no entanto, a cobrança de acertos de forma permanente traz consequências gravíssimas para qualquer um. É importante reconhecer, meu filho, que você não é nem santo nem fraude. Os desacertos da caminhada humana são inúmeros, e isso não só é natural, como previsto. (...)

Nosso Senhor nunca se enganou quanto àqueles que chamou. Ele não conta com comportamentos elevados nem com atitudes éticas e acima de qualquer suspeita, pois sabe que ainda não estão preparados para isso.[10]

"

"

COM EFEITO, OS HOMENS, mesmo aqueles já habituados com certas verdades espirituais, baseiam suas ponderações e seus comentários na observação da dimensão em que vivem, isto é, partem sempre da perspectiva material, densa. O cérebro físico induz o observador encarnado a tomar a realidade do mundo das formas como sendo o princípio de tudo o que existe. É uma ilusão compreensível, mas na prática ocorre exatamente o contrário. É o mundo físico que é uma sombra imperfeita da realidade. Nos planos semimateriais do universo é que se dá a verdadeira vida e que está a matriz de tudo o que se concretiza na Terra, no nível crosta a crosta.[11]

"

“

A ESMAGADORA MAIORIA da população da Terra gravita ainda entre as expressões de animalidade e o despertar da lucidez espiritual. Poucos, muito poucos, em termos proporcionais, estão conscientes de suas responsabilidades com relação a si mesmos e ao mundo onde vivem. Portanto, como pretender que o cotidiano não reflita a realidade do orbe, condizente com a índole turbulenta dos que nele habitam?[12]

”

"

Deus não tem pressa! Mesmo que os meus filhos, que se consideram rebeldes, não atendam de imediato ao chamado da eternidade, Deus sabe esperar. Ainda que nossa fé ameace se apagar, como uma chama que se esvai, Deus espera que nos reacendamos com a força oculta do amor. Quando nossos dias parecem tumultuados e nossas emoções nos fazem mais sensíveis, Deus sabe esperar.

Na verdade, meus filhos, Deus, que é Pai, não espera pessoas capacitadas para servi-lo na tarefa do bem. Sabendo Ele da nossa rebeldia e demora nas decisões, nos utiliza como somos e aos poucos capacita cada um, à medida que surgem as necessidades. (...) Nosso Senhor nos disse que não veio para os santos, mas para os pecadores.[13] Não veio para os salvos, mas para as ovelhas perdidas.[14] Pense nisso e não fique por aí cobrando de você mesmo aquilo que ainda não está preparado para dar. Deus não tem pressa; você é que é exigente. E pai-velho pode dizer mais: tanta exigência assim é resultado de imaturidade e de sentimento de culpa.[15]

"

"

DEUS O QUER COMO HUMANO, não como anjo. É preciso antes humanizar-se, para então aperfeiçoar-se. Os anjos voam longe, e o Pai precisa de você aqui, com os pés firmes no mundo para auxiliá-lo no processo de aprimoramento da humanidade. Seja humano, mesmo com aquelas características que você identifica como defeitos. (...)

Porém, sem essa, meu filho, de ficar lamentando o tempo perdido. Quanto mais você se lamenta, mais deixa de caminhar. Não perca seu tempo com culpas nem desculpas. Errou? Continue caminhando. Caiu? Levante-se e prossiga. Não precisa justificar nada, pois enquanto justifica já perdeu maior tempo.[16]

"

“

Quando alguém exige de algum companheiro uma conduta perfeita, disciplinar, aquele que faz a exigência coloca-se na obrigação de se portar conforme o esperado do outro. Não temos aqui ninguém nessa condição de perfeição. Nem os mentores que assistem vocês têm esse grau todo de adiantamento que vocês atribuem a eles. Estamos todos em processo de aprendizado, e convém usar de compreensão para com os companheiros que caminham junto de cada um.

Não importa o tanto que você errou ou julga errar, o importante é que a gente continue junto, procurando acertar. (...) Prossigamos unidos, embora não fundidos. Trabalhemos pela fraternidade, mas respeitemos a diversidade de formas e pensamentos. Alguém pensar diferente da gente não transforma a pessoa em inimiga do bem – que pretensão seria a nossa... Ninguém é robô para pensar e raciocinar tudinho igual. Graças a Deus que há diversidade na criação; senão, meus filhos, a vida seria um tédio.[17]

”

“

É IMPOSSÍVEL AO SER HUMANO, em qualquer ambiente do planeta Terra, estar completamente isento de energias densas, uma vez que habitamos um planeta de provas e expiações, situação agravada por atravessarmos um momento especial, em que se reúnem seres em estado de desequilíbrio, de ambos os lados da vida. Encontrar um ambiente perfeitamente limpo dessas energias seria o mesmo que achar um local sem seres humanos encarnados e vedado a espíritos de qualquer espécie. Isso é impossível, no momento.[18]

”

CAPÍTULO

11

Perda energética

“

Como perdemos aquilo que não é nosso? Já pensou nisso? Meus filhos julgam, às vezes, que perderam um ente querido pela morte. Mas essa visão é errada. Solte o seu parente que você julga morto. Aprenda a libertar a sua alma e deixar que ele voe nas alturas de sua própria vida.

Muitos dos filhos acham que reter significa possuir. Engano. Na vida, o que possuímos de verdade é aquilo que doamos. Se você desejar reter as almas queridas, através de suas emoções e sentimentos desequilibrados, você se transforma aos poucos em pedra de tropeço para aqueles que diz amar.

Amor não é posse. Amar é doar, é libertar, é permitir que o outro tenha a oportunidade de escolher e trilhar o caminho que lhe é próprio. Amar é permanecer amando, mesmo sabendo que os caminhos escolhidos são diferentes do nosso.[1]

”

"

MEUS FILHOS TÊM muito medo da morte. Alguns que se dizem mais sábios têm falado que a morte não existe. Mas ela existe sim. A morte que vocês temem não é aquela que existe, pois o que se teme é a passagem para o lado de cá da vida, a forma como a morte pode acontecer, mas dessa morte não há que ter medo, não. Ela é só uma passagem, uma travessia, como se fosse uma ponte ligando dois lados de uma mesma vida. (...)

Mas a morte que vocês devem evitar é de outro tipo: a morte da consciência. Quando o homem deixa morrer a sua consciência, deixa de amar e passa para o ódio, a vingança, a paixão desenfreada, ou qualquer outra degradação da alma, aí sim, ele está morto. É um cadáver que sai pelo mundo perambulando, um sem-vida, que passa pelo mundo, mas não vive, porque não ama. Dessa morte é que vocês têm de fugir, essa morte é que meus filhos têm que evitar.[2]

"

"

Lamentavelmente, aquele que alimenta pensamentos derrotistas, destrutivos, de baixo astral e cultiva atitudes inconsequentes e prejudiciais em geral não aceita os conselhos, as terapias e os caminhos de renovação que lhe são indicados. Está à procura de serviços rápidos, que resolvam num passe de mágica os problemas que demorou a construir ou sustentar.

Querem essas pessoas que outros façam aquilo que lhes compete; não conseguindo sucesso em seu intento, dizem que não acreditam ou que estão sozinhas e ninguém olha por elas. É que se entregam à situação, ao feitiço que elas mesmas criaram em suas mentes, à ilusão de que uma força estranha à sua, uma inteligência externa, irá se intrometer em sua vida e nos intricados mecanismos da realidade mental e emocional, e substituí-las na resolução inapelável daquilo que julgam exceder sua capacidade. Esse tipo de feitiço,[3] meu filho, nem os espíritos superiores conseguem solucionar.[4]

"

“

Em matéria de sintonia, muitos religiosos apresentam sérias complicações, sejam eles espíritas, umbandistas ou de outras denominações. O que normalmente se vê entre os cristãos em geral – que, ao propalar a imunidade às maldições, com efeito, advogam em causa própria – é um padrão vibracional que acaba por abrir brechas ou feridas na estrutura energética da aura, favorecendo ataques energéticos e processos obsessivos delicados, senão complexos. (...)

Nunca será demais enfatizar que a busca por pensamentos e emoções organizados e harmônicos, por uma vida de relativa tranquilidade emocional e por uma vivência genuína da espiritualidade consiste num potente instrumento contra forças desencadeadoras de desarmonias psíquicas.[5]

”

“

GRANDE PARTE DOS CONFLITOS humanos, meu filho, seria resolvida simplesmente com um *sim* ou um *não*, o que indica que muitos filhos de fé ainda não aprenderam a impor limites às dificuldades ou às atitudes alheias que os prejudicam. O silêncio constrangedor ante a ação do mal os torna coniventes com o erro, perpetuando a problemática.[6]

”

"

Toda imposição rigorosa com objetivo de acertar sempre, andar direitinho e não desagradar a ninguém é um fator que causa grande insegurança em sua intimidade. Fica o tempo todo de sentinela, vigiando-se, em vez de viver – isso quando não passa o tempo policiando também aqueles que o acompanham. Fatalmente, você se sentirá inseguro, porque, no fundo, sabe que não há como corresponder a tal expectativa, sem falar no fato de que esse comportamento afastará quem se encontra a seu redor, atemorizado. É um contrassenso, pois, embora conheça suas limitações, ainda que superficialmente, continua esperando e cobrando de si mesmo algo que não será possível viver nesta vida.[7]

"

“

ESPERAR DO OUTRO e de nós mesmos atitudes rigorosamente corretas e respostas absolutamente perfeitas – mesmo com relação aos apelos do Alto e às questões com que nos deparamos ao longo do aprendizado espiritual e da vida social – é apostar, com vitória certeira, na insatisfação pessoal e na infelicidade íntima. Somos o que somos e não detemos condições de dar saltos quânticos, como alguns gostam de dizer; caminhamos, marchamos ou trotamos, mas sempre passo a passo.[8]

”

“

JÁ IMAGINOU QUANTO seria muito mais fácil partilhar da vida caso pudesse acatar as dificuldades do outro como naturais e auxiliar, quando solicitado, na busca pela qualidade e excelência na vida de quem você ama? (...)

Cobre um pouco menos, compreenda os limites alheios e seja menos perfeccionista. Quem sabe assim não será mais fácil conviver com os outros bilhões de humanos do planeta onde mora? Garanto que encontrará maior qualidade em suas relações. É bem melhor admitir nossas faltas e pedir ajuda do que expor as dos outros e ser taxado de crítico contumaz e insuportável.

Exibir inteligência, meu filho, dependendo do contexto, pode irritar o mais simples dos mortais. Reconhecer seus defeitos sem exigir perfeição dos demais pode enternecer qualquer coração e granjear o devido respeito.[9]

”

“

Respeito à lei do ritmo pessoal será de imensa valia a você, meu filho, quando estiver prestes a exigir demais de si mesmo. Será grandemente proveitoso em suas relações sociais, nos instantes em que você se pegar aguardando determinadas respostas alheias; além disso, favorecerá a compreensão das atitudes do próximo quando sua conduta e seus gestos se tornarem repetitivos e desagradáveis. Nesse caso, sinta-se estimulado a buscar aperfeiçoamento, investindo na pessoa, caso perceba que poderá colher, no futuro, frutos mais promissores.

Ante as dificuldades encontradas nos relacionamentos interpessoais, pense na lei do ritmo e lembre que para cada estilo é necessário um método diferente. Isto é, uma vez que todos os seres vibram em um ritmo particular, a metodologia empregada para cada um deve ser diversificada, compatível com a pluralidade de compassos, harmonias e características individuais.[10]

”

“

TALVEZ O PARENTE, o amigo, o irmão ou qualquer outro familiar possa ser um sugador de emoções; alguém que, mesmo sem plena consciência, venha drenando as energias de meus filhos. Usualmente, quer se encontre dentro ou fora do corpo, tal criatura gosta muito de atacar pelo lado emocional e afetivo, ruindo aos poucos as defesas imunológicas do corpo espiritual daqueles a quem dedica sua atenção. Faz de tudo para despertar comiseração e aproveita a bondade e a boa vontade dos outros para se mostrar infeliz, de modo que, de passo em passo, vai dominando emocionalmente seus alvos. Quando encarnado, lança mão de qualquer recurso, especialmente a chantagem emocional, para realçar sua aparente infelicidade. Lágrimas provocadas, está pronto para drenar as emoções das vítimas que encontra em seu caminho e que lhe dão atenção.[11]

”

“

CARIDADE QUE PREJUDICA o médium ou o faz sofrer não é caridade; é falta de bom senso.[12]

”

“

Pessoas [há que são] mais místicas, que tendem a buscar a culpa pelo que sentem em um evento externo – seja em uma inteligência ou um desencarnado, seja em um ato de magia que alguém fez contra ela – em vez de assumir a responsabilidade tanto por seus atos quanto por suas derrotas, seus problemas e dificuldades. Essa atitude constitui uma forma de boicote inconsciente a que a pessoa se entrega e, pouco a pouco, torna-se hábito. A mente enferma ou viciada, ou, ainda, embriagada na ilusão de atribuir todo e qualquer infortúnio a um agente externo, a um mal espiritual, vive procurando culpados ou responsáveis, enquanto ela própria fica a maior parte do tempo se *des*culpando.[13]

”

“

Falo das atitudes diárias de abuso das reservas vitais, como a perda e a privação de sono, a falta de repouso e lazer, o consumo de drogas e bebidas alcoólicas, o sexo abusivo, a participação em 'baladas' e coisas do gênero, que traduzem uma vida noturna agitada. Tudo isso contribui para intensa subtração de vitalidade, de energias benfazejas e de saúde. Com o tempo, a pessoa que se entrega a desregramentos de variadas expressões acaba por esgotar suas reservas energéticas, abdicando da vitalidade orgânica e abrindo campo para enfermidades que seriam perfeitamente evitáveis.

Em meio a tudo isso, o estresse próprio da vida nas grandes metrópoles, bem como a depressão, a mágoa, o apego ao passado doloroso e outros elementos da vida emocional mal vivida formam o quadro interno que favorece o escape de fluidos vitais e a consequente perda de qualidade de vida de meus filhos.[14]

”

"

O PROBLEMA MAIOR, MEU FILHO, não é como evitar que lhe roubem ou suguem energias, mas, sobretudo, como você se deixa vampirizar, ser roubado, e não atenta para isso! A postura interna de meus filhos é que os predispõe ao escape de fluidos vitais. As atitudes, a desordem emocional, o pessimismo, a falta de cuidado consigo mesmos, no que tange à saúde energética e à seleção de ambientes e pessoas com as quais convivem, são fatores que desencadeiam o processo de roubo de vitalidade. Por isso, vejo como algo digno em que meditar com extrema urgência: qual postura interna você tem adotado que favorece o fenômeno de perda, roubo ou vampirização energética? Não se pode jogar toda a culpa nos outros, como se meus filhos vivessem num mundo onde só há ladrões prontos a dar o golpe.[15]

"

“

ANTES DE QUESTIONAR como evitar o roubo de energias, é preciso averiguar em que medida meu filho tem adotado um tipo de vida e vivido experiências que o deixam vulnerável. Afinal, é lógico supor que, se alguém está se apropriando de sua vitalidade, talvez você esteja abrindo campo para que isso ocorra.

Caso se dedique a conhecer suas fraquezas, seus hábitos negativos, pontos fracos e sistemas de autoboicote, então será mais fácil estabelecer métodos próprios de autodefesa psíquica. O conhecimento dos mecanismos internos de autossabotagem lhe dará forças para reestruturar aquilo que merece ser reciclado em suas experiências, bem como para fortalecer suas posturas saudáveis e, por conseguinte, impedir ou diminuir as perdas energéticas de grande expressão.[16]

”

CAPÍTULO

12

Atenção ao cuidar e cuidar-se

"

É PRECISO FICAR ATENTO, porque todos vocês estão mergulhados num oceano de energias, com o qual interagem o tempo inteiro. No mundo, estando encarnado ou não, não podemos deixar de pensar que nossas ações, pensamentos e emoções são poderosos instrumentos de elevação ou de queda.[1]

"

"

SABE, FILHA, primeiro você precisa dominar-se, adquirir controle sobre si mesma; só então poderá ensaiar o direcionamento dos fluidos através do passe. Como pretende manipular as energias da natureza utilizando o magnetismo curador se não consegue administrar um vício como o do cigarro, que lhe faz escrava? No mínimo, isso é incoerente. Antes de qualquer coisa, você precisa se cuidar, observando sua saúde com maior atenção, procurando assistência médica e, depois, após conseguir desintoxicar-se através de algumas terapias energéticas, precisa se submeter à orientação espiritual. Aí, talvez, quem sabe possa aplicar passes?[2]

"

"

Quem poderá gostar de você, filha, se você estampa na própria feição o desleixo e o desgosto que sente consigo mesma?[3]

"

“

EXISTEM MUITOS LUGARES onde é possível divertir-se sem prejuízo para sua vida; há muitas companhias dotadas de valores nobres e muitos locais com frequência energética de qualidade.

Nos dias atuais, não há como alegar escassez de opções em matéria de lazer. Temos de convir que quem busca ambientes de padrão vibracional rasteiro sabe o que está fazendo e anseia exatamente por aquilo que ali se oferece. Ninguém em sã consciência vai a locais assim para orar pelos que ali estão. Assim sendo, é bom que quem frequenta tais ambientes o faça consciente do perigo espiritual e dos fatores energéticos que ali fatalmente encontrará. Mais tarde, de forma alguma poderá dizer que lhe fizeram um feitiço, um ebó ou coisa do gênero. O próprio ser é o manipulador de seu destino; é o artífice de sua derrocada; é quem faz o encantamento mental e emocional para destruir a vida que tem.[4]

”

“

SOB A TUTELA SUPERIOR especializada, e amparados pelo conhecimento e estudo constantes, meus filhos poderão se fortalecer para o enfrentamento de obsessões de natureza mais complexa. Não se deve esquecer, evidentemente, do Evangelho, pois, sem Evangelho, meus filhos serão apenas poços de conhecimento, mas desprovidos de sabedoria. O conhecimento convence, mas o Evangelho arrebata a alma da escuridão.[5]

”

"

PARA ENFRENTAR FEITICEIROS encarnados ou desencarnados, não basta doutrinação nem mesmo o diálogo convencional; tampouco adianta entoar cânticos e acender velas sem mais amplos significados; de nada vale o teatro de determinados médiuns perante suas plateias crédulas. É preciso ir muito além. É imperativo estudar a fundo o tema feitiçaria e magia negra, e não apenas submeter-se a iniciações em cursinhos de final de semana, que mais servem para incrementar os dígitos das contas bancárias de quem os ministra do que para dar condições de afrontar a realidade de tais situações. Em suma, para se alcançar êxito, certos elementos são necessários, entre os quais se destacam: uma relação tão direta, transparente e eficaz com os mentores quanto possível, bem como com os espíritos especialistas e seus representantes; o conhecimento das *energias vibradas*[6] dos guardiões, de elementais naturais e artificiais; a experiência em reuniões do gênero e a naturalidade no trato com os espíritos que promovem ações de goécia.[7]

"

“

QUEM NÃO ACREDITA no feitiço ou na magia negra deve observar o que se faz através da mídia na modernidade. As manipulações mentais e emocionais que se realizam por meio dos veículos de comunicação, nas propagandas de toda espécie, nas telenovelas e nos jornais da atualidade: tudo isso não passa de magia mental, com um poder assustador de manipulação das ideias e emoções de quem se submete à ação das ondas mentais irradiadas, faladas ou escritas. Não se trata de nenhum poder sobrenatural, mas com certeza é uma manipulação em massa, muitas vezes de efeito devastador.

A televisão, a mídia impressa, o rádio e a rede mundial de computadores são autênticos condensadores energéticos; os alvos mentais são aqueles que sintonizam com a mensagem difundida por tais veículos, e o resultado depende da sintonia vibratória de cada um que ouve, vê ou lê as ideias expressas por essas mídias. 'Quem tem ouvidos para ouvir, ouça' [Mt 13:9].[8]

”

“

ESTÁ FADADO AO INSUCESSO aquele que pretender adentrar o mundo oculto ou extrafísico sem o conhecimento das leis e da dinâmica do magnetismo. (...)

A apometria, pura e simplesmente, não resolve nada, meu filho. Ela é apenas um instrumento que pode ser utilizado por mãos hábeis e cuidadosas, por mentes que têm o compromisso com o Cristo e seus emissários. (...)

Enfrentar a magia negra e a feitiçaria não se restringe aos breves momentos de uma reunião mediúnica, nem mesmo a uma única abordagem. Faz-se necessário mais, muito mais, com consciência e participação do envolvido num tratamento prolongado.[9]

”

“

A MANIPULAÇÃO [mental e emocional] tem como base as crenças e convicções de quem sucumbe à sua trama. Isso é ainda mais evidente entre pessoas religiosas e místicas. O embusteiro que almeja alguma espécie de lucro com suas revelações de pretensa origem espiritual explora sobejamente as crenças de sua 'vítima' fiel. (...) Cada vez que se dá um passo em direção à racionalidade, procurando entender as coisas por meio do questionamento – indagando inclusive os espíritos que dirigem os agrupamentos religiosos e mediúnicos –, mais o indivíduo se fortalece contra possíveis manipulações, fraudes e mistificações.[10]

”

“

INFELIZMENTE, em virtude da grande carga de preconceito reinante no meio espírita, os médiuns, submissos às orientações de seus dirigentes encarnados, não atualizam seus conhecimentos nem sua metodologia de desobsessão. Paralisaram-se nas intermináveis doutrinações; muitos deles desconhecem inclusive a existência e o funcionamento dos campos energéticos, que até a física quântica já revelou. Os campos de força, a complexidade da magia negra e a dinâmica de ação dos aparelhos parasitas são temas que deveriam estar na ordem do dia. Pretendem abordar magos das trevas e cientistas endurecidos, hábeis na manipulação da técnica astral, com palavras decoradas do Evangelho, sem conteúdo apreciável nem vivência real. Precisamos urgentemente atualizar a metodologia de trabalho[11] em nossas reuniões ou continuaremos andando em círculo, num círculo fechado de pensamentos exclusivamente religiosos, distantes, muito distantes da ciência espírita, que é dinâmica e progressista.[12]

”

“

É PRECISO COLOCAR CORAÇÃO, vida e motivação superior no trabalho; em outras palavras, amor. Sem isso, as campanhas do quilo e os passes espíritas ou os rituais e as benzeções da umbanda serão meras muletas psicológicas; práticas repetidas como se fossem fórmulas santificadoras, mas destituídas de eficácia.[13]

”

"

A TENTEM PARA AS MENSAGENS que Deus está enviando a vocês, meus filhos. Em geral Deus nos fala sem palavras, e a sabedoria é transmitida sem a articulação da voz, somente com a experiência. (...) Não deem tanto valor e ouvido às intrigas, meus filhos; deixem de lado as fofocas e não valorizem tanto os conflitos desencadeados entre os irmãos. Vocês precisam confiar mais, ocupar mais o tempo com algo produtivo. Dar ouvidos a conversas que não elevam, ou a intrigas, é como ficar parado no tempo, vendo a banda passar. E quando a banda do desequilíbrio passa, forma-se o bloco dos obsedados. Vamos dar ouvidos a Jesus, meus filhos, ao trabalho. Sejamos a estação terminal da fofoca, do ciúme, da inveja e da intriga. Vocês já viram gente ocupada ter tempo para intrigas?[14]

"

“

Meu filho, não basta desfazer as criações infelizes que a mente enferma, ou com pouca força de vontade para delas se livrar, agrega à própria aura. Há que criar hábitos mentais saudáveis, evitando pensamentos de revide, raiva, agressividade, revolta e outros semelhantes, que atraem, fixam ou sustentam formas-pensamento daninhas. Ou seja, a reorganização ou reeducação dos pensamentos e emoções é urgente para que meus filhos possam promover a higienização mental satisfatória. A melhor limpeza da aura é abrigar e desenvolver hábitos saudáveis, leituras nobres e edificantes, conversas construtivas, lazer sadio; em suma, um sistema de vida de máxima qualidade possível.[15]

”

"

Cautela nunca é demais ao se submeter a ações em meio à natureza sob o comando – ou desmando – de quem meus filhos não conhecem muito bem, no que se refere a suas realizações e obras segundo os ensinamentos de Nosso Senhor Jesus Cristo. (...)

Recomendo que quem deseja trabalhar com ervas se informe, estude, busque se aprofundar no assunto em companhia de pessoas que detêm saber sobre esse importante recurso da natureza. Embora a eficácia dos métodos terapêuticos naturais, reitero que pode ser muito arriscado indicar ou receitar ervas sem o necessário conhecimento. E olhe, meu filho, que tem muito espírito por aí que conhece muito menos que seus próprios médiuns...[16]

"

“

DESCOBRIR A EXISTÊNCIA e o papel dos elementais, interagir com eles num processo conduzido por alguém que saiba realmente o que está fazendo, além de desenvolver conhecimento detalhado das propriedades magnéticas, etéricas e fluídicas das plantas, trará todo um novo conjunto de elementos para a cura de meus filhos. Mas, para isso, o interessado terá de descer do pedestal do orgulho e aplicar-se no estudo com atitude sincera, a fim de que possa estabelecer sintonia com as forças sutis que coordenam a vida no planeta.[17]

”

“

É PRECISO DESENVOLVER respeito pelos representantes do reino vegetal, assim como munir-se de cuidado ao penetrar os domínios do verde, pedindo licença ao espírito responsável por administrar esse patrimônio divino. Ao extrair e buscar os elementos benéficos, é aconselhável pedir genuinamente a esse ser que mobilize e aumente o potencial curativo das plantas a serem colhidas e manipuladas – eis uma atitude sábia e que contribui para fortalecer o elo entre os diferentes reinos. Agindo assim, e obedecendo às prescrições técnicas necessárias, garante-se que a erva coletada apresentará maior quantidade de fluidos, de energismo elemental, concorrendo para melhores resultados.[18]

”

NOTAS

1. PINHEIRO, Robson. Pelo espírito Ângelo Inácio. *Legião*: um olhar sobre o reino das sombras. 2ª ed. Contagem: Casa dos Espíritos, 2006. p. 94. (Trilogia O Reino das Sombras, 1.)

2. In: KARDEC, Allan. *Revista espírita*: jornal de estudos psicológicos. Tradução de Evandro Noleto Bezerra. Rio de Janeiro: FEB, 2005, v. X (1867). p. 230-231. Grifo nosso.

3. Cf. KARDEC, Allan. *O livro dos médiuns* ou guia dos médiuns e dos evocadores. Tradução de Guillon Ribeiro. 1ª ed. esp. Rio de Janeiro: FEB, 2004. p. 376-403, itens 255-268.

Capítulo 1

Fé de Deus no homem; do homem, na vida

1. PINHEIRO, Robson. Pelo espírito W. Voltz, orientado por Ângelo Inácio. *Corpo fechado*. Contagem: Casa dos Espíritos, 2009. p. 195-196. (Segredos de Aruanda, 3.)

2. PINHEIRO, Robson. Pelo espírito Pai João de Aruanda. *Sabedoria de preto-velho*. 2ª ed. rev. Contagem: Casa dos Espíritos, 2010. p. 79.

3. PINHEIRO, Robson. Pelo espírito Ângelo Inácio. *Magos negros*: magia e feitiçaria sob a ótica espírita. Contagem: Casa dos Espíritos, 2011. p. 156.

4. Ibidem, p. 284.

5. PINHEIRO, Robson. Pelo espírito Pai João de Aruanda. *Pai João*. 5ª ed. rev. ampl. Contagem: Casa dos Espíritos, 2009. p. 163.

6. Ibidem, p. 204-205.

7. Ibidem, p. 233-234.

8. PINHEIRO, Robson. Pelo espírito Ângelo Inácio. *Aruanda*: um romance sobre pretos-velhos, elementais e caboclos. 13ª ed. rev. ampl. Contagem: Casa dos Espíritos, 2011. p. 164-165. (Segredos de Aruanda, 2.)

9. KARDEC. *O livro dos espíritos*. Tradução de Guillon Ribeiro. 1ª ed. esp. Rio de Janeiro: FEB, 2005. p. 526, item 932. Grifo nosso.

10. PINHEIRO. *Aruanda*. Op. cit. p. 227-228.

11. Ibidem, p. 193.

12. Cf. Mt 20:16; 22:14. (Todas as citações bíblicas são extraídas da seguinte fonte: BÍBLIA de referência Thompson. Edição contemporânea de Almeida. São Paulo: Vida, 1995).

13. PINHEIRO. *Legião*. Op. cit. p. 37-38.

14. Idem.

15. O livro do *Apocalipse* ou das *Revelações*, em sua linguagem simbólica, vaticina que *sete taças da ira* (Ap 16) seriam derramadas sobre a Terra. A sexta delas corresponde ao chamado Armagedom. Vale reproduzir o trecho, do qual ressalta a síntese precisa das ações *diabólicas*, bem como o alerta de Jesus, grifado adiante: "Então vi três espíritos imundos, semelhantes a rãs, saírem da boca do dragão, da boca da besta e da boca do falso profeta. São espíritos de demônios, que operam sinais, e vão ao encontro dos reis de todo o mundo, a fim de congregá-los para a batalha, naquele grande dia do Deus Todo-poderoso. *Eis que venho como ladrão! Bem-aventurado aquele que vigia e guarda as suas vestes, para não andar nu, e não se veja a sua vergonha.* Então congregaram os

reis no lugar que em hebraico se chama Armagedom" (Ap 16:13-16; grifo nosso). [In: PINHEIRO, Robson. Pelo espírito Ângelo Inácio. *A marca da besta*. Contagem: Casa dos Espíritos, 2010. p. 115-116. (Trilogia O Reino das Sombras, 3.)]

16. PINHEIRO. *Legião*. Op. cit. p. 465-466.
17. PINHEIRO. *Sabedoria de preto-velho*. Op. cit. p. 173-174.
18. Ibidem, 176-177.
19. PINHEIRO. *Pai João*. Op. cit. p. 34.

Capítulo 2

Autoamor: prazer combina com espiritualidade

1. PINHEIRO. *Corpo fechado*. Op. cit. p. 20.
2. Ibidem, p. 28.
3. Ibidem, p. 174.
4. PINHEIRO. *Pai João*. Op. cit. p. 185.
5. Ibidem, p. 108.
6. PINHEIRO. *Sabedoria de preto-velho*. Op. cit. p. 117-118.
7. Ibidem, p. 123-124.
8. Ibidem, p. 158-159.
9. Ibidem, p. 160.
10. PINHEIRO. *Pai João*. Op. cit. p. 35-36.
11. Ibidem, p. 47.

12. Ibidem, p. 78.

13. Ibidem, p. 83.

14. Mt 13:33 (semelhante em Lc 13:21).

15. PINHEIRO. *Pai João.* Op. cit. p. 84-85.

16. Ibidem, p. 235-236.

Capítulo 3

Espíritos, e não agência de resolução de problemas

1. LEÃO, Marcos. Pelo espírito Pai João de Aruanda. (Sociedade Espírita Everilda Batista, 25 fev. 1998.) In: PINHEIRO, Robson. Pelo espírito Ângelo Inácio. *Tambores de Angola.* 10ª ed. Contagem: Casa dos Espíritos, 2007. p. 39-40. (Segredos de Aruanda, 1.)

2. PINHEIRO. *Magos negros.* Op. cit. p. 217-218.

3. Ibidem, p. 330, 332.

4. PINHEIRO. *Pai João.* Op. cit. p. 150-151.

5. Ibidem, p. 154.

6. Ibidem, p. 155.

7. PINHEIRO. *Aruanda.* Op. cit. p. 192.

8. PINHEIRO. *Pai João.* Op. cit. p. 77-78.

9. PINHEIRO. *Magos negros.* Op. cit. p. 35.

10. Ao convidar os cristãos à renovação e ao trabalho, a

epístola aos hebreus cita uma expressão que pode ser interpretada como uma alusão à egrégora de pensamentos criada pela mente humana: "Visto que nós também *estamos rodeados de tão grande nuvem* de testemunhas, deixemos todo embaraço, e o pecado que tão de perto nos rodeia, e corramos com perseverança a carreira que nos está proposta" (Hb 12:1. Grifo nosso).

11. PINHEIRO. *Magos negros.* Op. cit. p. 65-66.

12. Ibidem, p. 381.

CAPÍTULO 4

Nadar a favor da corrente

1. PINHEIRO. *Sabedoria de preto-velho.* Op. cit. p. 68-69.

2. PINHEIRO. *Pai João.* Op. cit. p. 138.

3. Ibidem, p. 142.

4. Ibidem, p. 96-97.

5. A primeira epístola que o apóstolo Paulo escreve aos Coríntios traz célebre passagem que dá conta deste tema da diversidade de dons – e da importância de cada indivíduo desempenhar bem a função para a qual foi talhado, sem aspirar ser o que não é. "Se todo o corpo fosse olho, onde estaria o ouvido? Se fosse todo ouvido, onde estaria o olfato?" "E, se todos fossem um só membro, onde estaria o corpo?" (1Co 12:17,19). Vale conferir o texto na

íntegra (1Co 12:12-31).

6. PINHEIRO. *Pai João.* Op. cit. p. 97-98.

7. Ibidem, p. 104-105.

8. Ibidem, p. 209-210.

9. PINHEIRO. *Legião.* Op. cit. p. 219-220.

10. PINHEIRO. *Pai João.* Op. cit. p. 25-27.

11. Ibidem, p. 36.

12. Ibidem, p. 74-75.

13. "Os fluidos se combinam pela semelhança de suas naturezas; os dessemelhantes se repelem; há incompatibilidade entre os bons e os maus fluidos, como entre o óleo e a água" [KARDEC. *A gênese, os milagres e as predições segundo o espiritismo.* 1ª ed. esp. Rio de Janeiro: FEB, 2005. p. 367, item 21].

14. PINHEIRO. *Magos negros.* Op. cit. p. 24.

Capítulo 5

Planejar e recomeçar

1. PINHEIRO. *Corpo fechado.* Op. cit. p. 55.

2. PINHEIRO. *Magos negros.* Op. cit. p. 226.

3. Ibidem, p. 290-291.

4. PINHEIRO. *Pai João.* Op. cit. p. 143.

5. Ibidem, p. 171.

6. Ibidem, p. 177.

7. Ibidem, p. 212.

8. PINHEIRO. *Sabedoria de preto-velho*. Op. cit. p. 143-144.

9. Ibidem, p. 150-151.

10. Ibidem, p. 152.

11. PINHEIRO. *Pai João*. Op. cit. p. 45-46.

12. Ibidem, p. 92-93.

Capítulo 6

Feitiço mental é deixar de tentar

1. PINHEIRO. *Sabedoria de preto-velho*. Op. cit. p. 86-88.

2. PINHEIRO. *Corpo fechado*. Op. cit. p. 36.

3. PINHEIRO. *Pai João*. Op. cit. p. 127.

4. Ibidem, p. 128.

5. Ibidem, p. 138-139.

6. Ibidem, p. 140.

7. Ibidem, p. 148.

8. Ibidem, p. 199-200.

9. Ibidem, p. 202.

10. Ibidem, p. 214-215.

11. PINHEIRO. *Legião*. Op. cit. p. 404-405.

12. PINHEIRO. *Sabedoria de preto-velho*. Op. cit. p. 109-110.

13. Ibidem, p. 167-168.

14. PINHEIRO. *Pai João*. Op. cit. p. 87-88.

Capítulo 7

Toda magia começa na mente

1. PINHEIRO. *Corpo fechado*. Op. cit. p. 54.

2. Ibidem, p. 137.

3. Ibidem, p. 250-251.

4. PINHEIRO. *Magos negros*. Op. cit. p. 218.

5. Ibidem, p. 224, 227.

6. Ibidem, p. 333.

7. PINHEIRO. *Pai João*. Op. cit. p. 160-161.

8. PINHEIRO. *Aruanda*. Op. cit. p. 220.

9. Ibidem, p. 228.

10. PINHEIRO. *Legião*. Op. cit. p. 247-248.

11. PINHEIRO. *Pai João*. Op. cit. p. 53-54.

12. Ibidem, p. 56.

13. Ibidem, p. 61-62.

14. PINHEIRO. *Magos negros*. Op. cit. p. 37.

15. Ibidem, p. 47.

16. Mc 14:38 (similar em Mt 26:41; Lc 21:36).

17. PINHEIRO. *Magos negros*. Op. cit. p. 63.

18. "Atuando esses fluidos sobre o perispírito, este, a seu turno, reage sobre o organismo material com que se acha em contato molecular. Se os eflúvios são de boa natureza, o corpo ressente uma impressão salutar; se são maus, a impressão é penosa. Se são permanentes e enérgicos, os eflúvios maus podem ocasionar desordens físicas; não é outra a causa de certas enfermidades. Os meios onde superabundam os maus Espíritos são, pois, impregnados de maus fluidos que o encarnado absorve pelos poros perispiríticos" (KARDEC. *A gênese*... Op. cit. p. 365, cap. 14, item 18).

19. PINHEIRO. *Magos negros*. Op. cit. p. 78-79.

20. PINHEIRO. *Aruanda*. Op. cit. p. 107.

CAPÍTULO 8

Viver adversidades não é o mesmo que sofrer

1. PINHEIRO. *Corpo fechado*. Op. cit. p. 35.

2. PINHEIRO. *Magos negros*. Op. cit. p. 318-319.

3. PINHEIRO. *Pai João*. Op. cit. p. 121.

4. Ibidem, p. 141.

5. Ibidem, p. 222.

6. PINHEIRO. *A marca da besta*. Op. cit. p. 389.

7. PINHEIRO. *Aruanda*. Op. cit. p. 140-141.

8. PINHEIRO. *Sabedoria de preto-velho*. Op. cit. p. 102-103.

9. Ibidem, p. 129.

10. PINHEIRO. *Pai João*. Op. cit. p. 37-38.

11. Ibidem, p. 43.

12. Ibidem, p. 57.

13. Ibidem, p. 63.

14. Ibidem, p. 68-69.

15. PINHEIRO. *Aruanda*. Op. cit. p. 109.

Capítulo 9

Levanta-te e anda!

1. PINHEIRO. *Sabedoria de preto-velho*. Op. cit. p. 23-25.

2. Ibidem, p. 95-96.

3. PINHEIRO. *Magos negros*. Op. cit. p. 253.

4. PINHEIRO. *Pai João*. Op. cit. p. 132.

5. Ibidem, p. 169-170.

6. Ibidem, p. 172-173.

7. Ibidem, p. 183-184.

8. Ibidem, p. 116-118.

9. Ibidem, p. 203.

10. PINHEIRO. *Sabedoria de preto-velho*. Op. cit. p. 130-131.

11. Ibidem, p. 165, 168.

Capítulo 10

Nem santo, nem fraude

1. PINHEIRO. *Corpo fechado*. Op. cit. p. 30-31.

2. PINHEIRO. *Sabedoria de preto-velho*. Op. cit. p. 34-35.

3. Ibidem, p. 46-47.

4. PINHEIRO. *Magos negros*. Op. cit. p. 172, 177.

5. Ibidem, p. 257.

6. A observação do autor espiritual acerca da conduta de Jesus é pertinente, embora alguém pudesse creditar à omissão dos evangelistas a ausência de relatos do nazareno arbitrando sobre fatos do gênero citado. Entretanto, da leitura atenta do Evangelho depreende-se que o rabi não se prestou a determinados papéis não porque não houvesse ocasião, mas por ter se recusado terminantemente a desempenhá-los. Exemplos claros estão na contestação àquele que pretendia fazê-lo dividir uma herança — "Homem, quem me pôs a mim por juiz ou repartidor entre vós?" (Lc 12:14) — e na recusa em atender a este pedido, feito por Marta: "Senhor, não te importas de que minha irmã me deixe servir só? Dize-lhe que me ajude" (Lc 10:40).

7. PINHEIRO. *Pai João*. Op. cit. p. 151-152.

8. Ibidem, p. 188-189.

9. Ibidem, p. 190.

10. Ibidem, p. 198-199.

11. PINHEIRO. *Legião*. Op. cit. p. 70-71.

12. Ibidem, p. 407.

13. "Pois eu não vim chamar os justos, e, sim, os pecadores ao arrependimento" (Mt 9:13). Cf. Mc 2:17; Lc 5:32.

14. Cf. Mt 10:6; 15:24; 18:12; Lc 15:4.

15. PINHEIRO. *Sabedoria de preto-velho*. Op. cit. p. 135-136.

16. Ibidem, p. 137-138.

17. Ibidem, p. 185-187.

18. PINHEIRO. *Magos negros*. Op. cit. p. 84-85.

Capítulo 11

Perda energética

1. PINHEIRO. *Sabedoria de preto-velho*. Op. cit. p. 29-30.

2. Ibidem, p. 62-63.

3. "*Cumpre, todavia, se não atribuam à ação direta dos Espíritos todas as contrariedades que se possam experimentar, as quais, não raro, decorrem da incúria, ou da imprevidência.* Um agricultor nos escreveu certo dia que, havia doze anos, toda sorte de infelicidades lhe acontecia, relativamente ao seu gado; ora eram as vacas que morriam, ou deixavam de dar leite, ora eram os cavalos,

os carneiros, ou os porcos que sucumbiam. Fez muitas novenas, que em nada remediaram o mal, do mesmo modo que nada obteve com as missas que mandou celebrar, nem com os exorcismos que mandou praticar. Persuadiu-se, então, de acordo com o preconceito dos campos, de que lhe haviam enfeitiçado os animais. Supondo-nos, sem dúvida, dotados de um poder esconjurador maior do que o do cura da sua aldeia, pediu o nosso parecer. Foi a seguinte a resposta que obtivemos: 'A mortalidade ou as enfermidades do gado desse homem provêm de que seus currais estão infectados e ele não os repara, porque custa dinheiro'." [KARDEC. *O livro dos médiuns...* Op. cit. p. 371, item 253. Grifo nosso].

4. PINHEIRO. *Magos negros.* Op. cit. p. 166.
5. Ibidem, p. 342, 372.
6. PINHEIRO. *Pai João.* Op. cit. p. 162.
7. Ibidem, p. 178-179.
8. Ibidem, p. 181-182.
9. Ibidem, p. 193-195.
10. Ibidem, p. 224-225.
11. PINHEIRO. *Legião.* Op. cit. p. 95-96.
12. Ibidem, p. 163.
13. PINHEIRO. *Magos negros.* Op. cit. p. 21-22.
14. Ibidem, p. 26.

15. Ibidem, p. 45-46.

16. Ibidem, p. 47-48.

Capítulo 12

Atenção ao cuidar e cuidar-se

1. PINHEIRO. *Corpo fechado*. Op. cit. p. 52-53.

2. Ibidem, p. 259-260.

3. Ibidem, p. 270.

4. PINHEIRO. *Magos negros*. Op. cit. p. 162.

5. Ibidem, p. 220.

6. Existe a força cósmica chamada Exu, e existem os espíritos representativos dessas mesmas forças, que são os guardiões. *Energia vibrada* refere-se à força específica vinculada a determinado guardião, denotando o comando a que pertence, o que possibilita invocar acertadamente cada qual para o trabalho em que é especializado.

7. PINHEIRO. *Magos negros*. Op. cit. p. 275-276.

8. Ibidem, p. 280-281.

9. Ibidem, p. 285, 289, 304.

10. Ibidem, p. 350, 348-349.

11. "O que é bom para certa época pode tornar-se deficiente em época posterior. As necessidades variam com as épo-

cas e com o desenvolvimento das ideias. Se não se quiser que com o tempo ela caia em desuso, ou que venha a ser postergada pelas ideias progressistas, será necessário se caminhe com essas ideias. Dá-se com as doutrinas filosóficas e com as sociedades particulares o que acontece em política e em religião: acompanhar ou não o movimento propulsivo é uma questão de vida ou de morte. No caso de que aqui se trata [o futuro do espiritismo], fora grave erro acorrentar o futuro por meio de uma regra que se declarasse inflexível" (Constituição do espiritismo. In: KARDEC. *Obras póstumas*. Tradução de Guillon Ribeiro. 1ª ed. esp. Rio de Janeiro: FEB, 2005. p. 439-440, § VII).

12. PINHEIRO. *Aruanda*. Op. cit. p. 146.
13. Ibidem, p. 167.
14. PINHEIRO. *Sabedoria de preto-velho*. Op. cit. p. 183-184.
15. PINHEIRO. *Magos negros*. Op. cit. p. 77-78.
16. Ibidem, p. 77-78; 104-105.
17. Ibidem, p. 121-122.
18. Ibidem, p. 125.

REFERÊNCIAS BIBLIOGRÁFICAS

BÍBLIA de referência Thompson. Edição contemporânea de Almeida. São Paulo: Vida, 1995.

KARDEC. *A gênese, os milagres e as predições segundo o espiritismo*. 1ª ed. esp. Rio de Janeiro: FEB, 2005.

_____. *O livro dos espíritos*. Tradução de Guillon Ribeiro. 1ª ed. esp. Rio de Janeiro: FEB, 2005.

_____. *O livro dos médiuns* ou guia dos médiuns e dos evocadores. Tradução de Guillon Ribeiro. 1ª ed. esp. Rio de Janeiro: FEB, 2004.

_____. *Obras póstumas*. Tradução de Guillon Ribeiro. 1ª ed. esp. Rio de Janeiro: FEB, 2005.

_____. *Revista espírita*: jornal de estudos psicológicos. Tradução de Evandro Noleto Bezerra. Rio de Janeiro: FEB, 2005. v. X (1867).

PINHEIRO, Robson. Pelo espírito Ângelo Inácio. *A marca da besta*. Contagem: Casa dos Espíritos, 2010. (Trilogia O Reino das Sombras, 3.)

____. Pelo espírito Ângelo Inácio. *Aruanda*: um romance sobre pretos-velhos, elementais e caboclos. 13ª ed. rev. ampl. Contagem: Casa dos Espíritos, 2011. (Segredos de Aruanda, 2.)

____. Pelo espírito Ângelo Inácio. *Legião*: um olhar sobre o reino das sombras. 2ª ed. Contagem: Casa dos Espíritos, 2006. (Trilogia O Reino das Sombras, 1.)

____. Pelo espírito Ângelo Inácio. *Magos negros*: magia e feitiçaria sob a ótica espírita. Contagem: Casa dos Espíritos, 2011.

____. Pelo espírito Ângelo Inácio. *Tambores de Angola*. 10ª ed. Contagem: Casa dos Espíritos, 2007. (Segredos de Aruanda, 1.)

____. Pelo espírito Pai João de Aruanda. *Pai João*. 5ª ed. rev. ampl. Contagem: Casa dos Espíritos, 2009.

____. Pelo espírito Pai João de Aruanda. *Sabedoria de preto-velho*. 2ª ed. rev. Contagem: Casa dos Espíritos, 2010.

____. Pelo espírito W. Voltz, orientado por Ângelo Inácio. *Corpo fechado*. Contagem: Casa dos Espíritos, 2009. (Segredos de Aruanda, 3.)

SOBRE O AUTOR

ROBSON PINHEIRO é mineiro, filho de Everilda Batista. Em 1989, ela escreve por intermédio de Chico Xavier: "Meu filho, quero continuar meu trabalho através de suas mãos".

É autor de mais de 27 livros, quase todos de caráter mediúnico, entre eles *Encontro com a vida* e *A marca da besta*, do espírito Ângelo Inácio. Fundou e dirige a Sociedade Espírita Everilda Batista desde 1992, que integra a Universidade do Espírito de Minas Gerais. Em 2008, tornou-se Cidadão Honorário de Belo Horizonte.

OUTROS LIVROS DE ROBSON PINHEIRO

PELO ESPÍRITO ÂNGELO INÁCIO

Tambores de Angola

Aruanda

Encontro com a vida

Crepúsculo dos deuses

TRILOGIA O REINO DAS SOMBRAS

Legião: um olhar sobre o reino das sombras

Senhores da escuridão

A marca da besta

ORIENTADO PELO ESPÍRITO ÂNGELO INÁCIO

Faz parte do meu show

Corpo fechado (pelo espírito W. Voltz)

PELO ESPÍRITO PAI JOÃO DE ARUANDA

Sabedoria de preto-velho

Pai João

PELO ESPÍRITO TERESA DE CALCUTÁ

A força eterna do amor

PELO ESPÍRITO JOSEPH GLEBER

Medicina da alma

Além da matéria

Consciência: em mediunidade, você precisa saber o que está fazendo

PELO ESPÍRITO ALEX ZARTHÚ

Gestação da Terra

Serenidade: uma terapia para a alma

Superando os desafios íntimos

PELO ESPÍRITO ESTÊVÃO

Apocalipse: uma interpretação espírita das profecias

Mulheres do Evangelho

PELO ESPÍRITO EVERILDA BATISTA

Sob a luz do luar

PELO ESPÍRITO FRANKLIM

Canção da esperança: diário de um jovem que viveu com aids

ORIENTADO PELOS ESPÍRITOS JOSEPH GLEBER, ANDRÉ LUIZ E JOSÉ GROSSO

Energia: novas dimensões da bioenergética humana

COM LEONARDO MÖLLER

Os espíritos em minha vida: memórias

Os DIREITOS AUTORAIS desta obra foram cedidos gratuitamente pelo médium Robson Pinheiro à Casa dos Espíritos Editora, que é parceira da Sociedade Espírita Everilda Batista, instituição de ação social e promoção humana, sem fins lucrativos.

NESTA OBRA, respeitou-se o Acordo Ortográfico da Língua Portuguesa (1990), ratificado em 2008.

Composto em Filosofia e Engravers. Capa impressa em papel couché Alta Alvura 150g/m², miolo impresso em papel ofsete Alta Alvura 120g/m², ambos da Cia. Suzano.